無駄なことを続けるために

YouTubeチャンネル
『無駄づくり』／発明家

藤原麻里菜

無駄なことを続けるために

藤原麻里菜

はじめに

私は、無駄なものを作ってお金を稼いでいる。意味不明だと思うが、文字通り〝無駄なこと〟を仕事にしているのだ。

2013年に「無駄づくり」というYouTubeチャンネルを開設し、「歩くたびにおっぱいが大きくなるマシーン」とか、「インスタ映え台無しマシーン」とか、あまり社会の役に立たないようなものを作り続けている。もう5年ほど続けていて、200個以上の無駄なものを作った。

私は、私の中にあるダメな部分をプラスにするために、「無駄づくり」をしている。捻《ひね》くれていたり鬱屈《うっくつ》とした自分自身を「無駄づくり」を通して、笑いへと変えていく。そうすることで、生きづらさを感じていた世の中が、少しずつ生きやすくなってきた。

しかし、問題はお金だ。よく、「YouTuberは稼げる」と耳にするが、その情報の出どころを突き止めて怒りたいほど、お金にはならなかった。しばらくの間はアルバイトと「無駄づくり」を両立していたものの、どんどん生活が苦しくなり、「無駄づくり」という活動を続けられなくなったことがある。

「無駄づくり」をやめてしまったら、私はどうなるのだろうか。せっかく生み出せた表現の場所がなくなったらどうなってしまうのだろう。私にとって、無駄なことを続けることはすごく重要だ。この時、自分自身のためにも、稼げないことを稼げることに変えていくべきだと思った。

私は、一つ無駄なものを作ったら、それを映像や文章に落とし込み、インターネットを介して大勢の人々に見てもらっている。YouTubeチャンネルから始まり、TwitterなどのSNSやブログに広げ、様々な媒体で見せることにした。それを続けているうちに、YouTubeのチャンネル登録者数は6万人を超えて、Twitterのフォロワー数も4万人を超え、企業プロモーションの依頼も多くなった。ブログを見た人から仕事の相談が来て、執筆活動を始め、今では連載を月に5本ほど持てるようになった。

2018年の6月には台湾で個展を開催し、9日間で2万5000人以上の来場者を記録した。CSチャンネルで発明家を紹介する冠番組を持ち、ぼそぼそ喋る司会をやった。

クラウドファンディングを使って3日間で100万円の資金を集めた。始めた時には思いもしなかったような、大きなことが達成できている。

無駄なことを続けているうちに、「無駄づくり」はお金になっていき、それだけでなんとか食えるようになった。無駄なものを作ることで生活が成り立つ、そんなモラルに反した人間が出来上がってしまった。資本主義のバグである。

「無駄づくり」を仕事にできて本当に幸せだ。まだまだ貧乏ではあるが、それでも仕事を含めた今の生活は、たいへん楽しく、たいへん面白いものになった。牛丼を食べている時になど、ふと「これは『無駄づくり』で稼いだお金で食べられているのだ……」と、泣きそうになったりもする。

好きなことを続けるためには、安定した生活が必要である。安定した生活のためには、それなりのお金が必要である。何も、億万長者になろうと思っているわけではない。いや、億万長者になれたらラッキーではあるが、まずは、自分の好きなことを続けながら、安定した生活を送れるだけのお金を稼いでいきたい。

インターネットの普及によって、お金の稼ぎ方が多様化している今こそ、好きなことを続けるために、稼ぎ方を見直す時なのかもしれない。

無駄なことを続けるために、生活を楽しくするために、生きやすい世界を作るために、必要なことは何だろうか。私の経験や、好きなことをお金にしてきた先輩方への取材を通して考えていきたい。

本書が、好きなことを続けたいと思っているあなたの肩を揉むような、一つの支えになるような、そんな一冊になったら嬉しい。

目次

第1章　まずは「作る」ことから始める

私は「無駄づくり」というウェブコンテンツを運用している。そして、無駄なマシーンを工作して、それを人に見せるために文章や映像を作っている。

「なぜ無駄なものを作っているの？」と人によく聞かれる。「効率化された現代社会では、無駄なものこそ……」などと、もっともらしいことを答えたりもするのだが、実のところ自分でもあまり分かっていない。

作ることは、自分にしか分からないことを大勢の人に伝える唯一の手段だ。「自分にしか分からないこと」というのは、私の場合、幸せそうな人を見た時の妬みだったり、悲しい思いをした時の複雑な心境などだ。私は、そんな鬱屈とした感情を「無駄づくり」というコンテンツにしている。

以前、「Twitterでバーベキューと呟かれると藁《わら》人形に五寸釘が打ち付けられる」という作品を作った。これは、私がバーベキューに誘われたことが一度もないという悲しみと、SNSによって楽しげな写真が目に入る怒りを表したもので、「バーベキュー」という文言が含まれるツイートを拾う度にハンマーが動き、藁人形に五寸釘が打ち付けられる。効率的にバーベキューを楽しんでいる人を呪うことができる便利グッズである。

私は、バーベキューに行く人を憎むような捻くれた人間なのだ。しかし、そんな気持ちを「無駄づくり」として形にすることで、感情の落とし所を一つ見つけることができる。捻くれた自分を慰めるように。

そして、人に見せられる形にすることで、それはエンタメになり、お金になる可能性も広がる。実は、「Twitterでバーベキューと呟かれると藁人形に五寸釘が打ち付けられる」は、プロモーションとして企業からお金を頂いて作ったものだ。「これが企業のプロモーション?」と驚いた方もいるだろう。私も企画が通った時は、すごく驚いた。「マジでこの企画でいいんですか?」と、クライアントに何度も確認した。

「無駄づくり」で、自分の好きなものを作り続けてきたからこそ、仕事として好きなことができるようになったのだ。

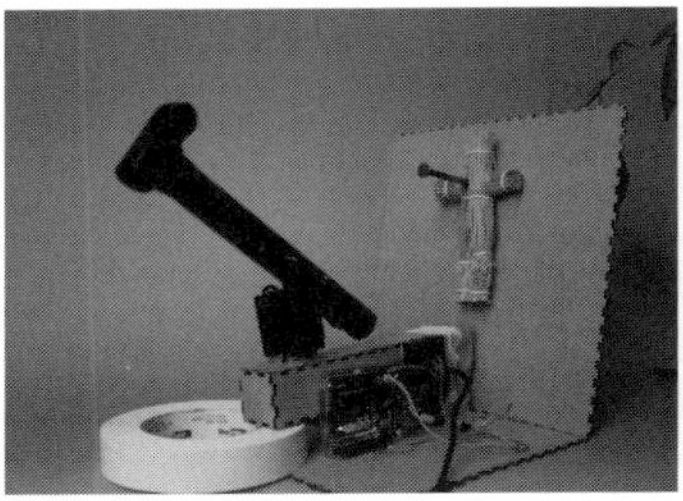

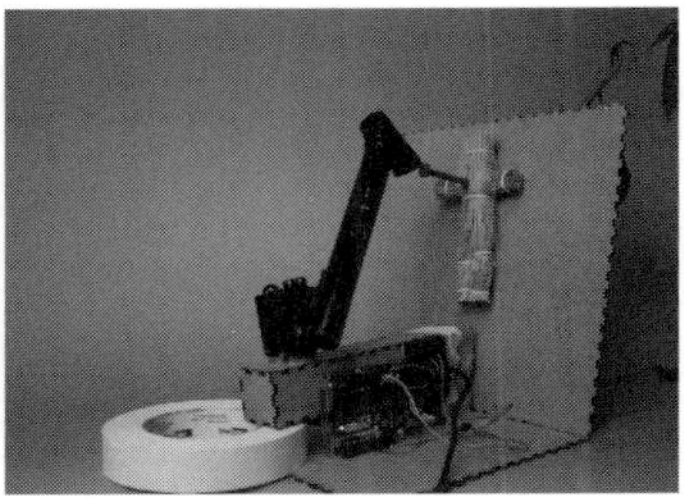

バーベキューと呟かれる度に藁人形に五寸釘が打ち付けられる。

この章では、「無駄づくり」を軸に最初の一歩である「作る」について書いていきたい。

ダメな自分をプラスにするもの作り

「好きなことをウェブコンテンツ化して稼ごう」といった本や記事をよく見かける。今は、様々なウェブサービスが出てきて、インターネットでクリエイターが稼げるようになった。また、ロボットやＡＩの研究が進み、労働のあり方が見直されている今、人が「好きなこと」を持つことはとても大切になっているように思う。でも、「好きなこと」を明確に持っている人は少ないだろう。私もそうだった。

ものを作るようになったきっかけの出来事をよく覚えている。

今よりもだいぶ鬱屈としていた中学生の時、このモヤモヤした気持ちをどうにか鎮めようと、すがる気持ちで絵を描いた。世界堂で白いカンバスを買って、頭に浮かんだモチーフを徹夜で描き上げた。すると、なぜか憂鬱《ゆううつ》な気持ちがスーッと消えたのだった。それがきっかけとなり、私は憂鬱になる度にものを作るようになった。絵を描くことから始まって、音楽、彫刻、詩、小説、脚本など、興味があることすべてに手をつけていた。ただ、ほとんどが中途半端で納得する形になったものは少ない。

そして、色々なものを作っていくうちに、だんだんと「お笑い」に興味を持つようになった。捻くれていたり、ネガティブだったり、怠け者だったり。そんな自分のダメな部分を笑いに変えたかったのだ。

頭が悪くて大学進学ができなかった私は、お笑い芸人を目指してNSCというお笑い芸人養成所に1年間通っていた。

「お笑い芸人を養成する施設」。そんな施設がこの日本にはある。そこで、変なダンスを踊ったり、ネタを作って人に見せていた。当時のNSCは厳しくて、教室内を歩いて移動したら「ちんたら歩くな！　走れ！」と怒られるような場所だった。返事も大きな声でないと怒鳴られてしまうし、何かを話す前には所属している組と番号と名前を告げなければならない。だいたいはここで心が折れて皆辞めてしまうのだが、意外にも私は郷に入れるタイプで、走ったり大きな声を出したりする1年間を送った。

そこで初めて作ったネタは、「本当にあった普通の話」というもの。椅子に座った私が、普通の話を怖い話風に朗読する。「体育の授業で、先生が恐ろしいことを言い放った。『二人組作って』……。組む人が……いない……」という背筋が凍るような内容だ。

「ネタ見せ」という放送作家さんの前で自分の作ったネタを見せる授業があるのだが、そこで、ガクガク震えながらも披露したところ笑いが起こった。「荒削りだけれど、そのネガティブさは面白い」と言われ、選択が間違っていなかったことに胸をなで下ろした。

相変わらず、「好きなこと」は分からない。けれどこの時は、自分が感じたことや、経験や、形成されたパーソナリティなど、私の人生のありとあらゆることが「お笑い」を通じてプラスになる気がした。それが、一つの指標になった。また、鬱屈とした自分をネタにすることで、中学生の時に描いた絵のように、それが生きやすさをもたらす気がしたのだ。

ゆるやかな制限と自由

ＮＳＣを卒業し、よしもとクリエイティブ・エージェンシー所属のお笑い芸人として舞台に立てるようになった。しかし、ＮＳＣとは世界が違い、びっくりするほど私のネタはウケなかった。なんだかすべてがどうでもよくなってしまった。「お笑い」という形はしっくりきたが、私がやりたいことはネタを作って舞台に立つことではない気がしてきたのだ。

しかし、「じゃあ何がしたいの？」と言われてもうまく答えられない。向いていることや好きなこと、やりたいことがぼんやりとしてきた。

そんな時に、事務所であるよしもとから「YouTuberになるためのオーディションをやるので、やりたい企画を考えておいて」と言われ、「いや、YouTuberになるためのオーディションってなんだよ。メールアドレスとパスワード設定したら誰でもできるだろ」という思いをこらえながら、企画を考えることにしたのだ。

２０１３年当時、すでにYouTubeをはじめとしたウェブコンテンツは、飽和状態だった。その中で新しく始めるとなると、新規性が必要になる。

私が最初に提出した企画は「家の中にあるものだけでピタゴラ装置を作る」というものだった。私は、子供のころからピタゴラ装置（ループ・ゴールドバーグ・マシン）が好きでよく動画を見ていたのだが、このジャンルはYouTubeの中でも人気が高く、世界中から好まれている。普遍的に人気のあるピタゴラ装置に「家の中にあるものだけで作る」という制限を付けることで、新規性が生まれてもっと面白くなると思ったのだ。ただ、ピタゴラ装置を作ったことは一度もなかった。

オーディションでこの企画を話したところ、なかなか好反応だった。面接を担当していた社員に「YouTuberになったら週に5日は動画をアップしなければならないけれど、ピタゴラ装置でできるの？」と言われたから、「できます！」と食い気味に答えた。ついでに「すでに2、3回作ったことあります」とかました。

そして、1回目の動画を撮影しようとピタゴラ装置を作ろうとしたが、1週間経っても完成させることができず、「家の中にあるもので作る」という制限も相まって、早くも頓《とん》挫《ざ》してしまった。しかし、オーディションに受かってしまった手前、「やっぱ、できませんでした」ではダメだ。大人に怒られることだけ避けたい私は、「ピタゴラ装置を中心にマシーンを作ってみよう」と閃《ひらめ》いたのだ。

便利なマシーンを作っても面白くないから、無駄なものを作るチャンネルにしよう。そう思って「無駄づくり」と題したチャンネルになった。ちなみに、別のタイトル候補は「ふじわら博士のわくわくチャンネル」だった。

グタグダしながらも、「無駄づくり」というウェブコンテンツを作ることができた。「無駄」というワードは、ずっと頭の中にあったような気がするが、明確に意識していたわけではない。期限までに考えないといけないことや、結局はピタゴラ装置を作れなかったこと、人から怒られたくないことなどが交錯して思い出せたのだろう。少しの制限と焦りが思考を加速させてくれたのかもしれない。制限があると自由に物事を考えられないような気がしていたが、実は、より頭の奥にあるものを引っ張り出しやすくなることに気づいた。

また、「ピタゴラ装置を作ったことあります」と嘘をつき、とにかく手を動かしたことも「無駄づくり」を生み出すきっかけになった。手を動かすことも、思考を加速させる一つの手段だと思う。

今、私は月に４つほどマシーンを作っている。正直、毎月４つもネタを考えるのは大変で、絞り出すように考えている。しかし、「無駄なものを作る」という緩やかな制限があることで面白い発想が浮かぶ。また、わざともう一段階上の制限を設ける時もある。たとえば「ＳＮＳの悩みを解決する『無駄づくり』」「恋愛に関する『無駄づくり』」などと、考える枠を狭めることで、それまで思いつかなかったことを生みだすことができるのだ。

「好きなこと」を自由に考えると、どうしても表面的なことしか思い浮かばない。緩やかに制限を付けることで、今まで考えたこともないことが閃けるのではないだろうか。

好きなことや、やりたいことが漠然としていた私は、制限と制約に助けられながら、これからの人生のやりがいを作ることができた。

客観視して人に伝える

「無駄づくり」というパッケージを閃くことができたものの、肝心なのはその中身だ。「無駄づくり」は、YouTubeチャンネルやTwitterなどの映像媒体、ウェブメディアやブログの記事媒体といった2つのメディアを使って発表している。無駄なマシーンを作り、映像や記事を作る。頭の中にあるものを形にする工程は、楽しさもあるが、しんどいことも多い。

最初のYouTube動画は、「お醤油を取る無駄装置」というものだった。この動画は、「寿司を食べるからお醤油をとるピタゴラ装置を作りました！」という私のコメントと共に意気揚々と始まる。テーブルの上に本や割り箸で作られた雑な装置が置いてあり、スタート地点からボールを転がすとストッパーが外れて醤油差しがするりと落ちる。今見ると、「手で取ればいいじゃん」という言葉しか出てこない。

その後は、「じゃあ寿司を食べます」と食べようとするも、お粗末な箸使いによって全く寿司が取れない。20秒ほど寿司が取れずにまごまごして、やっとお醤油につけて口に運ぶことができた。その後、私がベッドで飛び跳ねて動画は終わり。

当時、「シュールだね」とよく言われていたのだが、確かにこの動画を見たら「シュール」という言葉しか思い浮かばない。この動画を公開したら、「私はロシアからに来ましたハバロフスクに住んでいます。なぜあなたは悲しいビデオをしているの?」というコメントがきた。

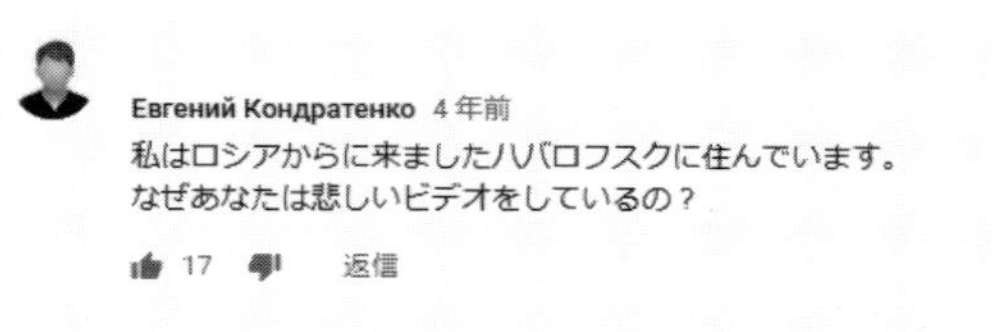

ロシア人からのメッセージ（YouTubeチャンネル「無駄づくり」より）

私は、この時まで映像編集をしたことがなかった。面白い映像はたくさん見てきたつもりだが、作るのは初めてだ。培ってきた感覚をアウトプットするのは容易いことではなく、感性と技術に大きなギャップがあることに気づいた。一気に現実を突きつけられるような、才能のなさを一度受け入れなきゃいけないような、そんな作業だった。

編集している時、いくつもの「違和感」があった。シーンの長さ、カットからテロップのサイズまで、様々なところに違和感があり、イライラしながらその違和感を消していったのを覚えている。

私は高校の悶々としている時期に彫刻をやり始めたのだが、「無駄づくり」をしている時にそのころの感覚を思い出すことがある。ワイヤーで骨格を作り、粘土を盛り、ナイフで削っていく。そうして、何日もかけて作っていくのだが、頭の中で思い描いている形に全くならないのだ。人体をモチーフに作っていたのだが、「違和感」が生じて、削り、また「違和感」があり、粘土を盛り……。それを繰り返していた。目の前にある自分が作っているものと、頭で想像しているイメージの差が違和感の正体なのだろう。そして、この違和感を消すために試行錯誤することが、作ることの本質だと思う。

「無駄づくり」は、人に見せることを前提として作っている。ウェブコンテンツとしてインターネット上にアップロードされ、消費されることが一つのゴールである。好き勝手に自分のやりたいことを詰め込んではいるものの、「無駄づくり」を見た人には楽しい気持ちになって欲しい。私が面白いと思うことを見た人にも感じ取ってもらいたい。

そのためには、人に理解してもらえるように作ることが大切なのだが、これもすごく難しい。作り方を少し間違えてしまうと、予期しない捉え方をされてしまう時もある。「無駄づくり」を始めて1年ほどしてから作った「巨乳がムカつくので風船を割ってストレス発散をする」という動画があった。今思い返してもひどいのだが、この時、私の中で空前の「貧乳コンプレックスによって怒り狂う私」ブームが起こっており、何か自分の中にある皮肉めいた面白さを詰め込んだ動画を作ろうと思っていたのだ。

その動画をアップしたところ、とあるコメントがついた。「私は乳がんだったけれど、闘病中にこういう夢を見た」というものだった。

私は、その人を傷つけようと思って動画を作ったわけではない。ただ、面白いと思っていることを表現したかっただけだ。しかし、私の動画で知らない人を一人傷つけてしまった。自らの表現によって人を不快にしてしまうことがあるのを知った。

その後に、「歩くたびにおっぱいが大きくなるマシーン」というものも作った。これは、靴に空気入れがついており、足踏みするたびに空気入れの先にある胸につけた風船が膨らみ、おっぱいが大きくなるといった仕組みのもの。ただの宴会芸だ。

くだらなさや動きの面白さ、「おっぱい」という言葉の効果もあり、瞬く間に再生数が増えた。動画の導入は真剣な表情で「すごいものを作ってしまいました」と話し、装置を作るシーンから、着用するシーンに切り替わる。立ち止まっていると萎《しぼ》んでしまうので急いで膨らましたり、公園で使用したりもし、最後は「服が伸びた」というテロップと萎んだマシーンで終わる。このマシーンのことも不快に思う人はいると思う。ただ、当時は思いつく限りの不快に思われる要素を排除するように気をつけた。

公園での使用シーンは知人の男性に撮ってもらったのだが、撮影された動画が、なんだかすごくエロかった。下のアングルから撮影されていて、冗談と思えないほどエロい仕上がりになっていた。「無駄づくり」なので、エロさが出てしまったら台無しである。

　また、怒りの要素をなくした。最初は、弱者が強者に怒り狂う構図が面白いと思っていた。しかし、冷静に考えると胸の大小で弱者と強者を決めるのには違和感がある。貧

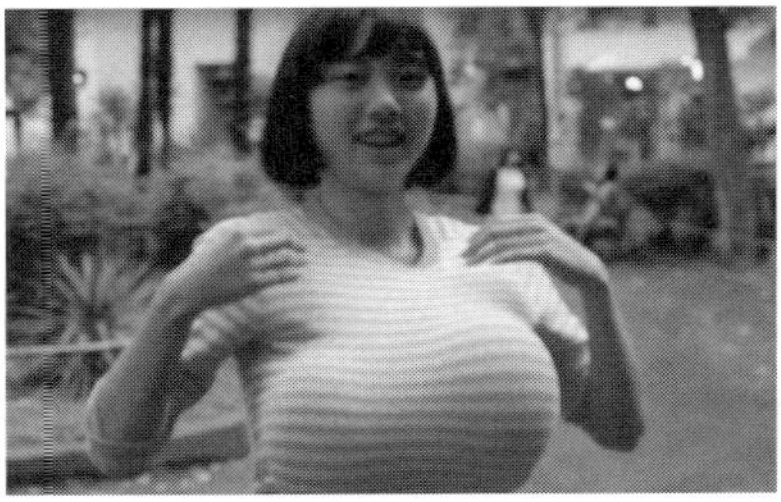

歩くとおっぱいが大きくなるマシーンでおっぱいが大きくなりました！

乳コンプレックスの私がいるように、胸が大きいことで悩んでいる人もいる。私が勝手に感じているパワーバランスで、悩んでいる人を攻撃するようなことはしたくない。

少し考えれば分かることだが、行き詰まりながら一人で制作していると、結果的に配慮に欠けたものを公開してしまう時がある。難しいことだが、誰しも潜在的に差別意識や偏見みたいなものはあると思う。そういったことが、無意識のうちに作品に表れてしまう。では、どうやって配慮していけばいいのだろうか。様々な人の苦しみや心情を理解することは大切だ。しかし、それには限界がある。

自分が何かをすることで、見知らぬ誰かが不愉快になる可能性がある。まずは、それを受け止めることが大切だ。そして、自分の想像の及ぶ範囲だけでも、表現に気をつける。それでも不快になる人はいるだろう。しかし、配慮を重ね続けた先に、面白いものはあるのだろうか。世の中すべての人に笑って欲しいけれど、それは難しいし、ある程度は諦めなくてはいけない。正しいことかどうかは分からないけれど。

ウェブコンテンツは、見た人が「どう捉えるか」「どう理解するか」を考えながら作っていかなくてはいけない。伝えたいことを100%伝えることは難しい。しかし、なるべく取り違えや取りこぼしがないようにしたい。そのためには、コンテンツをアップしていく中で、徐々に客観的な意見を学んでいくしかないのだと思う。

そして、伝えたいことを削ることも大切だ。ウェブコンテンツは短い時間で視聴される。その中に、いくつものメッセージを込めてしまうと、伝えたいことがぼやけてしまう上に、表現の取り違いも起こりやすい。私の動画の中では、「無駄づくり」をしている理由も言わなければ所属についても言及していない。

「人に伝えたいこと」はたくさんある。しかし、それを削っていくことで「本当に伝えたいこと」への視聴者の関心が集まりやすくなる。もちろん、〝無駄〟は大切だが、それによって核となる部分を意図せずに隠してしまうことは避けたい。「無駄づくり」は、「ばかばかしい」。それが伝わればいい。表現の取り違いで、意図しない伝わり方をしないように、作る段階で丁寧に客観視できるようにならなければいけない。

怠け者でも三日坊主でも

「継続が一番大切だ」と偉い誰かが言っていたような気がする。続けることは簡単に思えるけれど、実はすごく難しい。「無駄づくり」は、2018年で6年目だ。長いような短いような中途半端な期間かもしれない。自分としては、よく続けているなあと思っている。無駄なことをし続けるのは、そんなに簡単なことではないのだ。でも、続けることで得るものは日に日に大きくなってくる。続けないと見えない景色もある。

「無駄づくり」では、ロークオリティな工作を恥ずかしげもなく全世界に公開している。私の顔面レベルも日によってばらつきがすごい。映像編集の技術もカメラの画質も、始めのころと現在を比べて見るとかなり違う。

始めのころは毎日更新していたのだが、クオリティは今見ると恥ずかしいほど低い。でも、インターネットの世界では完璧でなくていいのだ。個人で運営しているコンテンツなので、クオリティのハードルも自身で決めることができる。

また、下手でも継続してコンテンツを更新することで、別の視点がひらかれる。そして、自分の作るものに統一感が出てくる。それを続けていくと、無意識に感じていたものがどんどん自覚できるようになってくる。

綺麗に見せようとするよりも、作りながら無意識を自覚したり、思いついたことを試していくことが、良いコンテンツを作り、続けていくコツだと思っている。

技術について話すと、始めた当初は、カメラ女子に憧れて買ったものの放置していた安い一眼レフと、iMovieという無料の編集ソフトを使っていた。私が映像に疎いことや、お金が無いこともあったが、既に手元にある機材でも人に見せられる形にすることはできる。たまに、「YouTuberやろうと思うんだけど、オススメの一眼レフ教えて」、「編集初めてなんだけれど、やっぱり有料のソフト買ったほうがいい？」と、相談されることがある。お金が有り余ってウハウハな人にだったら、「一番高いやつ買っちゃえ！」と答えるけれど、そうでなければ「とりあえず今ある機材で一回作ってみたほうがいいよ」とアドバイスしている。

スマホでも綺麗な映像を撮影することはできるし、スマホのアプリや無料ソフトで映像編集はできる。まずは、手持ちのもので、頭の中にあるものを形にすることから始めてほしい。

「無駄づくり」で映像制作を続けたことで、映像の技術がどんどん磨かれたように思う。今では映像に特化した一眼レフと、プロ用の有料ソフトを使って映像を制作している。

続けていくうちに、技術はどんどん身についてくる。工作に関しても、「お醤油を取る無駄装置」といった原始的なものを作っていた私だが、今はモーターやセンサーを使った電子工作ができるまでになった。

最初は、あまりクオリティを気にせずに、とにかく続けて、たくさんのものを作ることが大切だと思っている。

しかし、プライドがめちゃくちゃ高い女として、納得できないクオリティの動画を継続のために公開し続けるのはかなり辛いものがあった。そして、それが辛くて動画投稿を辞めた時もある。間に合わせるために作った動画を公開するよりも、納得するクオリティまで引き上げてから世に出したいと思ったからだ。クオリティの低いものは、きっと黒歴史になる。

そこで、毎日していた投稿を、週に1回、2週間に1回、1ヶ月に1回、2ヶ月に1回と、どんどんスパンをあけていった。しかし、締め切りを延ばしたところでクオリティが上がるわけではなかった。なぜなら、私はマジもんの怠け者だからだ。

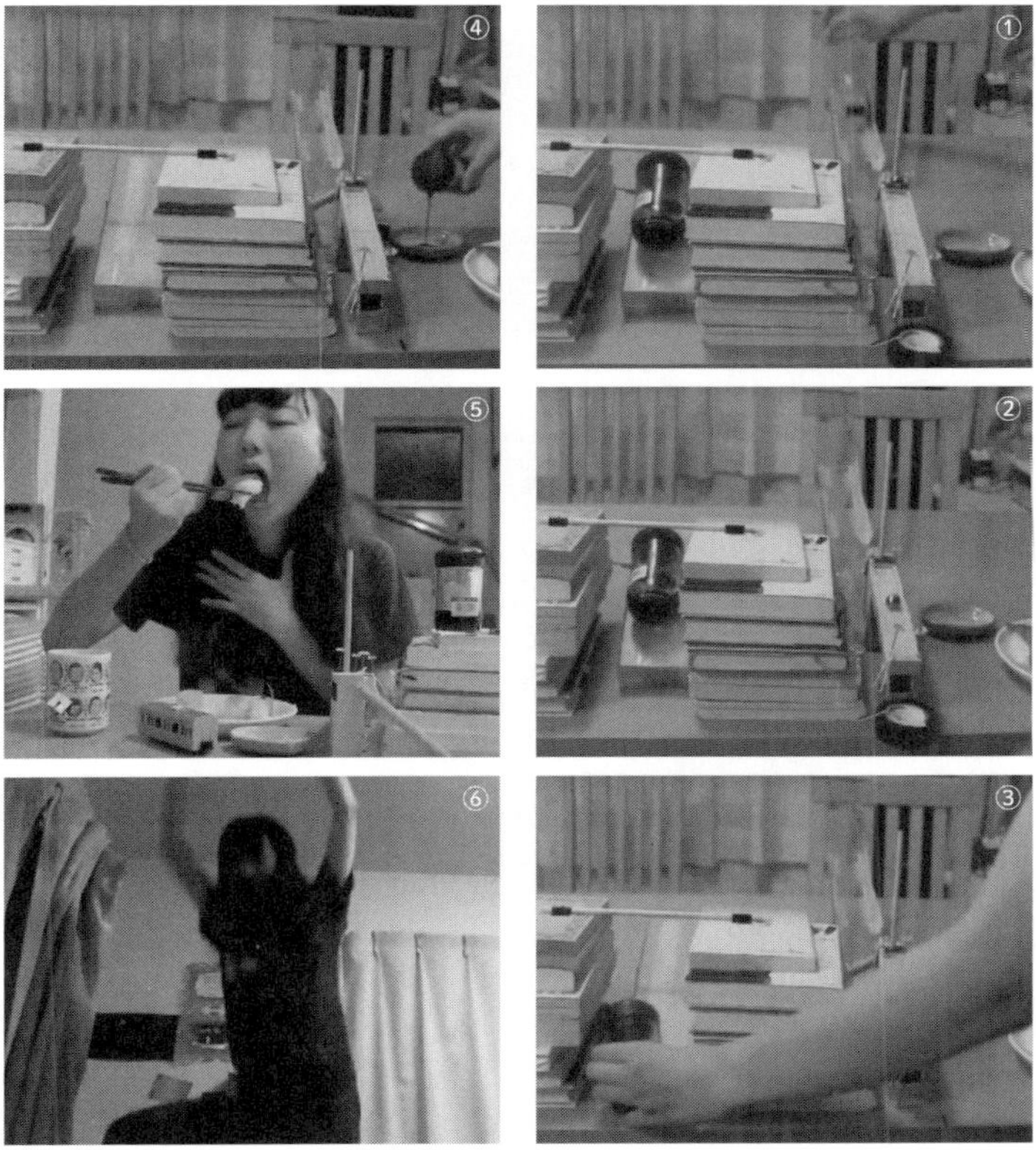

これが初めて作ったピタゴラ装置である「お醤油を取る無駄装置」だ！
①実際に走る電車の模型を、レールの上に置く。②電車にぶつかった銀の玉が、傾斜を勢いよく走りだし、角に仕掛けられたくぎにぶつかる。③その反動により重し代わりのビニールテープが落ちる。ビニールテープの先には、ひもでくくりつけられた醤油が！　④すべり落ちれば大成功！　⑤食べるまでが無駄装置。なかなかマグロがとれず苦戦するも、無事に口へと運ぶ。⑥無駄なことをすると、無駄にテンションが高くなる。

2017年からは、動画ではなくウェブメディアの連載で新しい「無駄づくり」を発表する形にしたことで、締め切りというものができた。そこで、多くの大人たちに見張られながら、継続的に「無駄づくり」をしている。だいたい月に4個は作るのだが、正直こんなにものを作って人に見せ続けるのはしんどい。しかし、やっていくうちに「短い時間でものを生み出す技術の上限」がぐんぐん上がっていくのが分かった。たくさんのものを作ることで得られる情報量は計り知れない。自分に鞭を打ちながら継続的にものを作ることで、結果的にクオリティが上がり、自分の作家性みたいなものも固まってきた。

とにかく、量をこなすことで質はあがってくる。たくさんのものを作ることで無意識の中にあったテーマが浮き彫りになる。思考が鮮明になり、研ぎ澄まされ、道ができてくる。自分の成長の過程がインターネットの海原にぷかぷか浮かんでいるのは恥ずかしいけれど、四苦八苦していきたいのだ。

自分の世界を生きやすくする

たくさんのものを作り続けたことで、人に見せるものの作り方が、なんとなく理解できてきた。表現のミスで、視聴者に伝わらなかった時もあるけれど、そういうことを一つ一つ糧にして作り続けた。

そして、「無駄づくり」というコンテンツは場所になった。個人的な思考を大勢の人と共有できる場所だ。すると、生活とコンテンツの壁が溶け出して、世界が生きやすくなっていく。お笑いを始めた時に指標にした「私の人生のありとあらゆることをプラスにする」ことが叶えられてきたのだ。

私は、小学4年生の時に経験した「友達だと思っていた子の誕生日パーティに私だけ呼ばれなかった」という事件から、悲しみと怒りが入り混じった感情に敏感になった。芸人としてネタを披露していた時から、そういった感情をお笑いに昇華したいと思っていたけれどうまくいかなかった。

最初の動画である「お醤油を取る無駄装置」は、「食卓で醤油が離れたところにあると取るのが面倒」という日本の食卓の〝あるある〟を形にした。3作目の「乳首を永遠に気持ちよくさせる装置」は、事務所の社員から「下ネタは再生回数が伸びる」と言われて作ったものである。探り探り、「あるある」や、「再生回数が伸びそうなワード」などから、「無駄づくり」を作っていた。

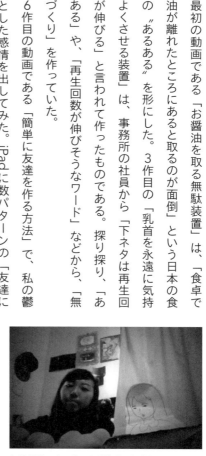

6作目の動画である「簡単に友達を作る方法」で、私の鬱屈とした感情を出してみた。iPadに数パターンの「友達に言われたい言葉」を録音し、理想の友達の絵を描いて貼るというものだ。そして、絵に穴を開けて、お揃いのストラップをつけた。

友達が欲しくて作った「簡単に友達を作る方法」

作り続けていくうちに、鬱屈とした感情をエンタメに昇華できるようになってきた。

冒頭で触れた「Twitterでバーベキューと呟かれると藁人形に五寸釘が打ち付けられる」という作品だが、最初は「インスタ上にある『#バーベキュー』と投稿された写真を一枚一枚プリントアウトして、ハサミで切り刻むマシーン」を作ろうと思っていた。しかし、これはかなり危ない人に見えるなと思っているうちに、「藁人形」を閃いた。呪いというと怖いけれど、マシーンが自動的に藁人形へ五寸釘を打ち付ける滑稽さで、多少はマイルドになると思った。また、映像もなるべくポップに編集し、「あくまで、バーベキューに誘われたことのない悲しい私の逆恨みですよ」といった見せ方になるよう気をつけた。このマシーンで、バーベキューに行っているイケイケな人たちを傷つけたいわけではないのだ。

私のもの作りの動機は、自分の性格の悪さとか、社会と折り合いがつかないところを面白がりたいからやっている。それは、誰かを傷つけてスッキリしたいわけではなくて、大勢の人たちと、「私ってこんな感じなんですよ」という姿を共有したいだけだ。そして、それが私の世界を生きやすくしてくれる。

「無駄づくり」を通して、自身をコンテンツ化することができた。私は、これが「無駄づくり」をずっと続けられているモチベーションの源だと思っている。

どんなに面白いアイディアでも、作り始めないとただの空想だ。どんなに無駄なものでも、世の中に生み出さないと無駄以下だ。

作ることはかなりめんどくさいけど、作らなくては何も変わらない。

だから、無理にでも自分を奮い立たせて手を動かさなくてはならない。手を動かし始めることで、目に映る景色が全く違ってくる。


「やってみないとわからない」。この言葉が、ばかばかしいことをするか悩んでいる時に私の背中を押してくれる。工作も映像も未経験だった私が、「なんか、できるっしょ」という気持ち一つだけで、「無駄づくり」を始めた。根拠のない自信を胸に、何かを始めよう。やってみたけど失敗してしまい、それで出来上がったぐちゃぐちゃなものもかなり愛らしい。

第2章 ぼんやりとした思考を「分かる」

私は、あまり考えないで無駄なものを作り始める。頭よりも先に手が動く。手よりも先に頭が動いてしまったら、無駄なものなんて作れない。作り始めると〝分かる〟ことがたくさんある。作る前は分からなかったことが分かってくるのだ。

「無駄づくり」は、何となく思いついて面白そうだから始めたけれど、作っていくうちに私にはいくつも表現したいことや好きなことがあることが分かってきた。ふつふつと湧いてくるアイディアに対して「私は天才か……」と恐れおののいていたけれど、自身の発想と付き合っていくうちに、自身の感性についても分かってきた。どうしても苦手な作業や、逆に延々とやっていられるほど好きな作業も分かった。私は何を好きなのか、何をやりたいのか、そして、自分自身の性格も、表現したいことも前よりも分かってきた。つまり、分からなかったことが分かってきた。

手を動かすことで、徐々にすべてが明らかになってくる。そういった「分かる」という理解が、好きなことを続けるためにも、それをお金にするためにも必要だ。

才能を知るためには

「才能」という言葉を聞くと、やりきれない気持ちになる。バンドや小説、アートなど、いろいろなことに手をつけては、才能の壁にぶつかってやさぐれていた。一番の挫折は、やはり芸人を辞めた時だ。

NSCを出て事務所に所属してからは、お笑いライブに出てネタをやっていたのだが、鳴かず飛ばずですぐに心が折れた。

また、新しいネタを月に1つは作っていかなきゃいけない若手芸人のシステムについていけなかった。人前に出て注目を浴びたり、大きな声を出さないといけない。さらに、一発ギャグや無茶振りに答えなきゃいけない……などといった、若手芸人を取り巻くいくつもの必須条件がすべて苦手なことだった。

「そもそも、なんで芸人になったんだろう」って自分で思うほど、芸人として振る舞うことが苦手ということに、お笑いの世界へ足を踏み入れてから気づいてしまったのだ。

数年の短い期間ではあったが、芸人として努力はしたつもりだ。しかし、うまくできないことへの苛立ちやストレスが大きくなっていき、芸人であることに楽しさを見出せなくなっていた。

しかし、そんなつらい心境の時に始めた「無駄づくり」には、楽しさを見出すことができた。ネタは月に1本も書けないのに、「無駄づくり」は週に1本喜んで作れる。映像で自分の想いを表現することが、ネタを作って舞台で披露するよりも、ずっと得意で私には合っていた。

しばらくは、芸人と「無駄づくり」の活動を並行して行っていた。舞台では客席がシーンと静まり返ってしまうけれど、YouTubeでは、「面白い」とコメントがつく。それでも、芸人を辞める踏ん切りがつかなかったのは、やはり憧れと執念が消えなかったから。まだ芸人としての才能を信じていたかった。

事前に才能を知る方法なんてもちろんなく、ある程度努力してからしか分からない。なんだか残酷だ。才能のなさに気づいてもタイムマシンを使って後戻りすることなんてできなくて、その事実を自分の中で受け止めて前進しなくてはならなかった。

それに、何かを始めたらプライドや執着が生まれる。「夢を諦めるのも才能だ」という言葉があるが、努力を積み重ねてきたものを簡単には手放せない。

芸人に執着しながらも「無駄づくり」を中心に活動する日々が続き、徐々に舞台に出る回数も減り、ネタも作らなくなった。端から見たら芸人ではないだろう。そして、たまに舞台に立つと、芸人としての才能がないことがより鮮明に分かってしまう。理想と現実、できることとできないこと、好きなことと嫌いなこと。様々な想いが、ちぐはぐになっていきギャップが生まれて、複雑ではあったが、2016年に芸人を辞めることにした。

複雑な思いがありながらも、芸人を諦められたのは、やはり「無駄づくり」という信じたいと思える別の才能を伸ばせる場所ができたからだろう。今思い返すと、芸人であることの執着を捨てるために、「無駄づくり」という土壌を固める努力をしていた。自分が面白いと思える動画を精いっぱい作り、YouTubeのチャンネル登録者数を増やした。実態のない才能というものを数字や評価によって信じられるよう努めた。

憧れと現実とのギャップを受け止めたら、私のできることが現実的に捉えられるようになった。現実は残酷でなるべく見たくないけれど、一度受け入れてしまえば好きなことを続けられるヒントを見つけられる。作ることで自分の得手不得手が明確に分かり、新しい未来がやってくるのだ。

それに、芸人を辞めることをあれだけ悩んでいた私だけど、YouTubeが楽しくなると何だか昔からやりたかったような気がしてくる。

行き詰まりを解消するために

「無駄づくり」は、考えてから公開するまで、ほとんどのことを一人で行っている。好きなように舵をとることができるのは楽しいけれど、考えが行き詰まってしまい、やるべきことが見えなくなってしまう時もある。

YouTubeチャンネルを始めてから2年ほど経った時、何をしたいのか分からなくなった。なぜ無駄なものを作っているのだろうか。私がしていることって、本当に面白いことなのだろうか。誰のためにやっているのだろうか。この方向性は正しいのだろうか。そんなことを考え始めたら止まらなくなり、頭の中でぐるぐると同じ考えが巡ってしまう。

そんな状況を打破するために試行錯誤した結果、様々な打開策を見つけた。例えば、アルコール度数9％の缶チューハイを持って川に行き、泣きながらお酒を飲み、頭をスッキリさせることだ。一通り泣き終わった後、「私、何してんだろう」と我に返り、ささっとゴミをまとめて帰路に着く。頭が一度リセットされて、すべてをゼロにできる気がするのだ。ただ、夏の夜は地元に居ついているであろうヤンキーが川を占領しているので、時間帯には気をつけたほうがいい。

自分の知識や経験だけでコンテンツを運営していると、どうしても行き詰まってしまう。そういった時には、「知ること」が重要になる。

普段は会わないような分野の人と話すことがその一つだ。様々な人に会うことで、私にはない視点で物事を見ることができる。

「無駄づくり」は、お笑い芸人の延長で始めたことなので、当初はコメディの視点でしか見ていなかった。しかし、アーティストと話していると、「メディアアート」の側面があるように思えるし、映像作家と話したら、「無駄づくり」の映像表現をもっと深くしていきたいとも思えた。ウェブライターからは、YouTubeだけに留まらないインターネットのコンテンツとして可能性があると教えてもらった。

視点を増やすことで、行き詰まった考えから脱却できる。また、本や映画を見たり、どこかへ出かけたりしてインプットを増やすことで、新しい自分に気づくことができる。行き詰まると、新しいことをする余裕がなくなってしまう。だから、こうした「新しいものと出会う」ことを積極的にしていきたい。

また、新しい仕事に挑戦することも大切である。したいことが分からなくなった時、私は「職業体験期間」と銘打ち、多くの仕事を体験した。居酒屋やバー、ウェブ制作会社、漫画喫茶、派遣の棚卸し、ブロックおもちゃの専門店、ライター、映像編集など。そこで、新しい自分の側面が分かり、また次に繋がる。もともと私は人見知りが激しいので、バーなどの接客業はやっぱり苦手だったけど、逆にライターや映像編集の仕事はしっくりきて、このためにもっと努力してみようと思える仕事だった。

そこから私は、YouTubeでしか展開していなかった「無駄づくり」に関して画像と文章を使って公開することを始め、今ではウェブメディアでの連載を持ったり、こうして本を書けるまでになった。

知ることで、行き詰まった道を打破できる。そして、再び手を動かすことができるのだ。

モヤモヤを言葉にする

手を動かしたり行動を起こすと、自分自身のことが漠然と分かってくる。そして、その漠然としたことを言葉にして噛み砕くと、次のステップに行けるはずだ。

私は、定期的にモヤモヤしていることを紙に書き出す。例えば、「無駄づくり」の方向性が分からなくなったり、「やっていて楽しくないなあ」と思い始めた時には、今、辛いと思うことや楽しいと思うこと、今後やりたいことをリストアップしていく。そういったモヤモヤを言語化することで、自身の欲求が明らかとなり、それに伴って理想と現実のギャップを埋められるようになる。

辛いことの一番の原因が「稼げないこと」と分かれば、それを解消するために今できることは何か、じっくり考えるきっかけになる。辛いことを減らし、楽しいと思えることを増やしながらお金を稼いでいきたい。その理想を実現するために、今の自分の状況を整理することが大切なのだ。

私は考えを整理する時、必ず紙を使う。うまく言葉にできないことは、絵や図で表せるし、視覚的に捉えることができるため頭の中にも入れやすい。そして、紙に書き出したものを更に整理するために、オンラインのドキュメント制作ソフトを使うようにしている。キーボードを打ちながら文章を書くと、紙に書く時より、もっと論理的に考えられる。また、紙とは違って編集が可能なことやオンラインであればどこでも閲覧できることも、考えを整理する上で重宝するポイントだ。

そして、言葉にすることで、「無駄づくり」としての指標を作ることができる。

私が「無駄づくり」を5年も続けているのは、楽しくて好きなことだからだ。苦悩する時は何度もあるが、それを乗り越えることも楽しいと思える。そして、このような主観的な感情を一つ一つ解いていき、誰かに説明できるような言葉にしていきたい。それが、コンテンツを大きくする上で大切なことであり、これからの指標になることでもある。

「無駄づくり」を一言で表すと「複雑な間抜けさ」という言葉が当てはまる。第1章では、「鬱屈とした感情を面白がりたいから作っている」と話したが、「鬱屈とした感情を面白がりたい」という欲は、少し複雑だ。何かに対して怒っているけれど、その怒っている自分自身に悲しみも感じる。「怒りと悲哀」がある。そして、その光景やそこから生まれるものが、間抜けで面白いと思っている。すごく捻くれていて複雑だ。

　また、私は「沈黙」が好きだ。知らない人と二人きりのエレベーター。リモコンを押してからDVDデッキが開くまでの時間。全く笑えない瞬間だけど、私は面白いと思っている。おもしろさの中に奇怪な違和感を孕《はら》んでいる「沈黙」は、「無駄づくり」を通して表現したいことの一つでもある。

　そして、マシーンを作ることで無駄なものが現実に存在するという「存在感」も重要だ。ものがあることで生まれる感情や動かされる心がある。また、物体があるだけで、様々なメディアのフィルターを通して、演出を変えて楽しむことができる。「無駄づくり」が、そこに存在するだけで、誰の役にも立たないのに荘厳に感じられることもある。その存在感が好きで、その面白さを人に伝えたいのだ。

表現したいことを言葉にできるようになったら、何だかもう無敵なような気がする。やるべきことが分からなくて、真っ暗闇に一人でポツンといるような気分にはもうならないだろう。

「無駄づくり」の社会的意義って何だろう

「無駄づくり」をする理由を言葉にできるようになり、また、少しずつ仕事になってきたことで、社会的意義を探そうかなという気になってきた。そんな気になったところで見つかるようなものではないのだが、社会に参加している以上は、意義がないより、あったほうがいいのかなと思っている。それがモチベーションとなり、続ける一つの理由になるはずだ。

私は中学生の時、職業適正テストの「人の役に立つことをしたい」という設問で「全くそう思わない」に強く丸をつけた。当時は、パンクロッカーを目指していたため、そういった反骨精神の表れだったのかもしれないが、社会の役に立つ人間になんてなるものかと反発していた。

「無駄づくり」も、そういう気持ちが少なからず含まれている。何の役にも立たない無駄なものを作っていると、社会的な役割を放棄している気もするが。

ただ、「無駄づくり」で、自身の世界が生きやすくなったことで、私の作品を見た人の世界も生きやすくできたらいいなと思えるようになってきた。「くだらないなあ」と笑ってもらえたり、肩の力を抜くことができたり、生きづらい世界を少しだけ楽しめるようにできたら嬉しい。

それが「無駄づくり」の意義であり、自分自身のためにも笑ってくれる誰かのためにも、無駄なものを作ろうと思える。

社会的意義を問われると、答えることは難しい。ただ、見た人を幸せにしたくて「無駄づくり」をしていることは間違いなく、それが結果として社会的な役割になっているのかもしれない。人に受け入れてもらうことで、どんなに無駄なものでも意味を持つのだろう。

誰かを救おうとしている訳ではないが、私が好きなことをして、結果的に誰かを救えたら嬉しいし、それに越したことはない。

私のしていることはとても小さなことだが、小さいながらも社会の一員としての役割を持つことで、これから私がしていくべきことがだんだんと見えてくる。

高校を卒業するまで、社会から用意された場所にいるだけの生活だった。そこから芸人になり、真っ暗な海に放り出されたような恐怖を感じた。どこに進むのかも自分次第である。その状況に自由を感じながらも１００％満喫はできない。社会で何をすればいいのか、そんなことを暗い海の中で考えなくてはならない。

目的を持ったり指標を作ることで、進むべき方向を自ら見つけることができれば、暗い海ももう少し楽しめると思うのだ。そのためにもものを作り、考えていかなくてはならない。

世の中には、いくつもの稼ぎ方があり、それを選択することができる。

作ることでぼんやりと浮かび上がる意識を分かっていく。それが、好きなことと稼ぐことを両立するために必要なことだ。

第3章　分かりあうには「見せる」

作ったものの誰にも見せていない作品や、誰かに見せる目的もなく作った作品がいくつかある。お笑い芸人を目指していた時は、当然人に見せるためにネタを作っていたけれど、やっぱりどうしても恥ずかしかった。人に見せるということは、同時に評価されることでもあるだろう。良い評価だったら嬉しいけれど、ボロクソに言われたら辛い。

最初の動画である「お醤油を取る無駄装置」を作った時、YouTubeで公開する前に人に見せる機会があった。その上映会をするために、私と同時期にYouTubeを始めた芸人が、事務所に集められた。

当時の私は、1年目の芸人。よしもとクリエイティブ・エージェンシーには社員も把握できないほどたくさんの芸人が所属しており、その中で目立つ存在になるには、よっぽど秀でた何かがないと難しい。上映会には一方的に知っている先輩もいて、芸人らしい過激なことをする動画やコンビ同士の掛け合いが面白い動画などを発表していた。ハードルがどんどん上がり、自分の順番がどんどん近づくにつれ、ここから脱出することばかり考えてしまうほど追い詰められた。しかし、そんな不安は杞憂《きゆう》だった。私の動画で、ちゃんと笑いが起きたのだ。一人でもくもくと作ったものが認められた。この体験が私の心を救い、自信となった。

感性とか才能とか、そういった抽象的なものを信じて、一人でものを作る。その抽象的なものを掴むためには、人に〝見せる〟という行為が必要だったのだ。

無駄なことを続けるには、精神力が必要だ。一人でもくもくと何かを作り続けることは、なかなか難しい。

作ったものを人に見せることで、客観性が生まれる。人に見せることで、作品として昇華される。そして、応援してくれる人も増えてくる。作り続けるためには、人に見せ続けることも大事だと思う。そして、その見せ方を考えることも大切だ。

人に見せることで、「無駄づくり」は気づけば大きくなった。たくさんの人に見てもらい、反応をもらうことで、無駄なものに価値が出てくるのだ。

インターネットを使って見せる

「無駄づくり」は、作品が物体として存在しているので、画像・動画・文章といった様々なメディアを通して人に見せることができる。2013年からYouTubeを拠点に始めたのでメインはそこにあるものの、TwitterやInstagramなどのSNSや、ブログ、ウェブメディアといった記事形式のものなど、インターネット上で様々な見せ方をしている。

インターネットで見せるメリットは、多くの人に見てもらえて、反応がすぐに返ってくることだろう。効果的に見てもらうには、メディアごとに見せ方を変える必要がある。「無駄づくり」も一つの作品を作ったら、それを多くの媒体で見せ方を変えて配信している。その見せ方を考える上では先ほどの章で話した〝分かる〟ことが重要だ。表現したいことが分かると、どの媒体でどういった見せ方をすればいいのかということも分かってきた。

映像で「空気」を見せる

「無駄づくり」から出る「空気感」をインターネットで見せるには、映像というメディアが最適だ。特に、その「空気感」が伝わる「インスタ映え台無しマシーン」は、指のついたモーターが動くことでカメラに指が写り込むのだが、その際の沈黙が面白い。文章や画像ではあまり伝わらないこの「間」。映像であれば、余すことなく伝えることができる。

映像が扱えるウェブサービスはいくつかある。私が主に使っているのは、YouTubeとTwitterとInstagramだ。

YouTubeでは今のところ、最大で11時間の動画をアップできる。その他のSNSはもっと短く、Twitterは2分20秒だ。Instagramは投稿だと1分で、ストーリーズは15秒になる。ただ、IGTVという外部アプリを使えば最大1時間までアップできるようになった。

また、それぞれフォロワーの数がオープンになっているので、一目で人気があるかどうか分かってしまう怖い世界だ。日々変動する数ではあるが、今のところ私にはYouTubeだと約6万人、Twitterだと約4万人、Instagramだと約2000人のフォロワーがいる。これが多いか少ないかは

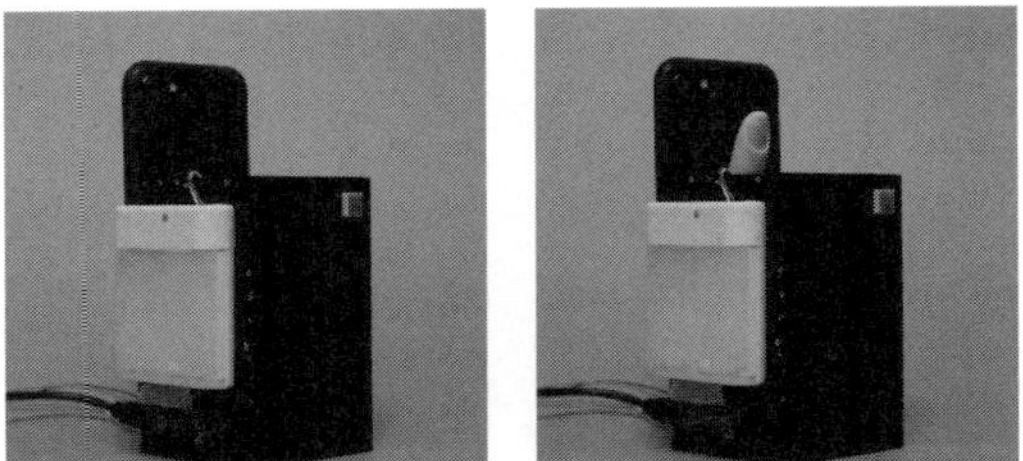

シャッターを押したら指が映り込むiPhoneケース

さておき、数字がオープンになっている以上、もっともっと多くしたいと思ってしまう。5億人とかにフォローされたい。フォロワー数を伸ばそうと必死になっていた時期には、知り合いをフォローしてフォローバックされたらフォローを外すという最悪なことをしていた。結果的に、人望を失くしただけだったので、多くの人にフォローボタンを自然に押してもらえるようなパンチの効いたコンテンツを作っていかなければならない。それには、自身の表現と効果的な見せ方を組み合わせる工夫が必要になってくる。

■ YouTubeの場合

YouTubeでは、主に1、2分の映像を作ってアップロードしているのだが、一貫したテンプレートのような流れがある。始めの挨拶で「これを作ります（作りました）」と宣言し、次に作るシーン、その次に使用するシーン、最後にチャンネル登録やSNSのフォローをお願いして終わり、というものだ。

このテンプレートを一度作ることで、編集が楽になる。編集が楽になることで工数を減らせるから映像をたくさん作ることができる。また、統一感が出てチャンネルを印象付ける効果がある。これを5年くらい続けているので正直みんな飽きている気がするが、『サザエさん』（フジテレビ）や『ドラえもん』（テレビ朝日）みたいなものだから新しいことをしなくてもいいのだ、と無理やり納得させている。

これは、いわゆるYouTuberとしての動画だ。著名なYouTuberの動画をいくつも観て、効果的な見せ方を研究しつつ、枠組みを作った。小賢しいテクニックだが、オープニングアニメと最初の挨拶を統一することで「無駄づくり」の認知を促せる。また、映像が始まって13秒以内に動画の目的を伝えることで、離脱を防ぐことができるのだ。こういうテクニックは、YouTuberの動画を観ていると分かってくる。４年前に使っていたノートを広げてみたら、各YouTuberの傾向と対策がビッシリ書いてあって、当時なんか気持ち悪いほど研究していたようだった。

なぜYouTuberに多いパターンに当てはめて動画を作るのか。それは、多くの人に「無駄づくり」を面白がって欲しいからである。私と同じような感覚の人にはもちろんだけど、私とは違う感性の中高生やヤンキー、ギャルにだって見つけてもらい、笑って欲しい。だから、同じようなテンプレートを使って動画を作る。それが、先ほども触れた、数字を増やすことに繋がる。

それでも、YouTubeを見るユーザー層はかなり幅広く、様々な目的を持っている。アップロードされている動画はすごく雑多で、クオリティの高いプロモーションビデオもあれば、スマホで撮影したような雑な動画もある。私のチャンネルも、認知されるために作るテンプレート動画以外にも様々な試みをしており、かなり雑多な感じになっている。

例えば、「Vlog」という「無駄づくり」とは少し違う動画をアップすることもある。Vlogとは、ビデオブログという意味で、ブログの映像バージョンだ。イベントの告知だったり、日常のどうでもいいことだったり、コメント欄に寄せられた質問に答えたりする。これは、YouTubeチャンネルとその視聴者の距離感を縮めるのに大切な役割を果たしている。

私は「無駄づくり」をしている時は、だいたい無表情で目が死んでいるため心配されることが多いのに対して、Vlogでは人間らしい笑顔を見せている。

また、「無駄づくり」は制作から公開までにどうしても時間がかかり、投稿数が限定されてしまう。だから、チャンネル内のコンテンツを増やすためにもVlogは必要なのだ。そこから人気になってシリーズ化することもある。例えば、私が超酔っ払って録音した「泥酔ラジオ」というコンテンツは人気になってシリーズ化した。ただ、シリーズ後半では私が人の悪口しか言わなくなったので、現在は休止中である。

お金をかけて、しっかりと映像を作ることもある。「インスタ映え台無しマシーン」ではGoogleから支援された予算を使い、「インスタ映え台無しマシーンが世界を救う」というニュースのパロディ映像を作った。天才発明家の私が、インスタ映えによって、滅亡へと向かう人類を救ったというストーリーである。マヤ文明を研究しているというテイの学者がインスタ映えによる人類絶滅を予言したりする。

2016年には、「らくらくハイタッチくん」という通販番組のパロディ動画を作った。天才発明家の私が自分の代わりにハイタッチをやってくれるマシーンを開発し、みんなが笑顔になるといったものだ。改めて見ると、人とお金と時間

らくらくハイタッチくんで友達になりたい人とハイタッチ！

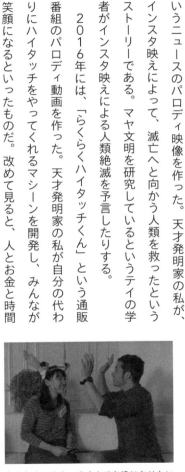

をわざわざ使ってこのような映像を作るのはちょっとやばい。

この時は、カメラマン、音声、照明、俳優などを雇い、その他のことはすべて私がやった。時間もお金もかかるが、自分の今のスキルや面白いと思う要素を最大限に詰め込める。YouTuberという文脈に沿うことなく「無駄づくり」の面白さを一つの映像としてまとめることで、代表作として人に見せることができる。

■ Twitterの場合

Twitter上に動画を投稿する時は、YouTubeのハイライトシーンかiPhoneで撮影した映像と文言を載せている。映像の長さは短ければ短いほどいい。Twitterを使っている人はよく分かると思うが、タイムラインをサーっと指でスクロールすることが多いので、短い時間でインパクトを残さなければいけない。新幹線に乗っている時に窓から見える、あの赤い文字で「727」って書いてある看板みたいな。

面白さのすべてをTwitterで伝えようとはしない。必ず誘導先のリンクも入れておくのだ。映画でいう〝予告編〟みたいなもので、Twitterでは始めの部分だけを見せている。誘導先のページは、記事形式のウェブメディアかYouTubeの動画などになる。

私は、時間を狙ってツイートを投稿することが多い。だいたいの人は、朝8時〜10時くらいに出勤し、12時〜14時くらいにお昼を食べて、18時〜20時くらいに終業して、22時〜24時くらいにダラダラするだろう。人がスマホを見ている時間を想像し、投稿をするのだ。こういったフォロワーの活動時間は、Twitterアナリティクスというサービスで見ることができるため、それを参考にして投稿時間の計画を立てる。また、Twitterでタイムラインの全ツイートを読破する人はあまりいない。多くの人の目に触れるように、様々な時間帯でセルフリツイート（自分で自分のツイートをリツイートするという行為）をしたり、自分のツイートに返信して再度タイムラインに表示させたりする。小手先のテクニックに思えるが、これが意外と効果的なのだ。

「インスタ映え台無しマシーン」では、「インスタ映えを気にしすぎる世の中に一石を投じてみました」という一文と誘導先のURLと共に、25秒の動画を掲載した。Twitterではコンセプトのみを見せるようにしている。そのシンプルさとインパクトがリツイートを呼び、拡散され、誘導先のリンクをクリックするのだ。そして、その拡散が新しいフォロワーの獲得に繋がる。

■ Instagramの場合

私は、Instagramをあまり積極的に使っていないのだが、すごく面白い使い方ができるサービスだなあと思っている。

普通の投稿では写真や動画をアップロードできて、プロフィールページから見ると、綺麗に整列した四角い写真たちは統一感があってオシャレに見える。ビジュアル勝負って感じがいい。縦が3つのグリッドになっているので、一枚の写真を分割して投稿し、大きな写真として表示させたり投稿する写真に枠をつけてデザインしたりと、決められた制約のなかで工夫できて面白い。

また、ストーリーズという機能がある。これは15秒の縦動画（スマホサイズ）で、投稿から24時間以内に消えてしまう。Instagramをやっていない人にこの話をすると、「24時間で消えちゃうのに何で投稿するの？」と言われる。以前は、私もそんな疑問を持っていたのだが、使ってみたら流行る理由が少し分かった。

先ほども言った通り、Instagramのプロフィールページは綺麗に整理しておきたい。だから、「今、どこどこにいまーす」とか「今日は疲れちゃいました」とか、そういった超どうでもいいけど何となく人に伝えたいなあというつぶやき程度の投稿は、24時間で消えるストーリーズにアップするのだ。

このように、コミュニケーションの一環としてストーリーズを使う場合が多いけれど、もっと別の使い方もある。

私は、「テレビ番組のワンコーナー」のような使い方をして、「無駄づくり」を展開してみた。ＮＨＫの教育番組の合間に入ってくる妙に癖になる短いアニメのようなイメージで、YouTubeにアップロードしたものを縦動画に再編集をして、ストーリーズに投稿した。だけどTwitterなどと違ってリアクション機能がないので（厳密に言うとあるのだが、オープンではない）、ウケているのか反響が分かりづらい。だから、数個アップロードしてみたものの、「これってウケてんの？」って不安になってしまい、今はあまり活用していない。

Instagramは〝画像〟でも何か面白いことができるような気がする。「無駄づくり」を画像で展開したことがなかったのだが、私が「らくらくハイタッチくん」を着用している姿を、台湾のフォトグラファーに撮ってもらったことがあった。その写真を投稿したら反響があり、そこから様々なフォトグラファーに写真を撮影してもらってアップすることにした。「無駄づくり」の静かに狂っている感じが、写真だとうまく表現できて面白い。また、フォトグラファーによって切り取り方が違うのも、個人的には新鮮ですごく楽しい。

「動画」と一言で言っても、インターネットには様々なサービスがある。横断して利用しているユーザーが多いと思うが、SNSによって求められるニュアンスが微妙に違ってくる。普段からリーチしたい層の動きを見て、自分のやりたいことと照らし合わせて演出を考えることが大事だ。

文章で「思い」を見せる

私は喋ることがとても苦手だ。喋った後にどうしようもない虚無感が襲ってくるから、友達や家族ともうまく話せなくて困る。そんな私だから、動画の中であれこれ話すことは、なかなかハードルが高いのだ。

文章だからこそ表現できるものは多くある。「無駄づくり」で表現したいことの一つとしてある「怒りと悲哀」は、ビジュアルで見せるよりも言語にしたほうが伝えやすい。主にニュースサイトやウェブマガジンに掲載される「記事」という形式がある。主に写真と文章で構成されていて、gif（アニメーション画像）や動画の埋め込み、HTMLで文字の太さや色を変えたりなど、インターネットだからこその演出もできる。私は、この「記事」を使って「無駄づくり」を見せることも多い。

「インスタ映えを台無しにするマシーン」も記事として公開している。以下が投稿した内容だ。

「こんにちは、無駄なものを作っている藤原麻里菜です。

皆さんは、写真共有SNS『Instagram』を利用していますか？「インスタ映え」という言葉をよく目にするようになり、こぞってオシャレな写真をアップする時代になりました。

……もう、やめにしませんか？

このまま、オシャレ写真競争が加速してしまうと、世の中にはインスタ映えする虹色の食べ物のみになり、全ての建物がピンク色になり、蛇口を捻ればスムージーが出てきて、結果的に人類が滅亡します。

なので、フォトジェニックを打ち消すために、「シャッターを押したら指が映り込むiPhoneケース」を作りました。」

このような導入文を作って、制作の過程や実際に使用している様子を見せた。

「記事」を読む人口は、最近になって徐々に広がってきたと思うが、それでも少し狭い。またYouTubeを好んで見る層とはまた別のレイヤーにある。記事を好んで読む人は、インターネットで面白いことをしている人が好きな、ネット上で比較的活発に活動をしている人たちがメイン層だ。ウェブメディアにもよるが、年齢の想定は20代前半から30代後半くらいだろう。YouTubeとは違って、少しニッチなことやネガティブな面白さが伝わりやすかったりする。

こういった「記事」は、ダイジェストとして短文とURLを載せ、TwitterなどのSNSを通して瞬間的に拡散していく。そこで、多くの人に見られるのだが、厳しく意見を言ってくる人も多い。以前、「Wikipediaのように募金のお願いを出して小銭をせびるマシーン」というのを作り、記事として公開したことがある。すると、「お金をせびるという行為は、刑法に触れる」といったコメントがSNSを経由して私のもとにきた。もちろん実際にせびったわけではないから、「う、うるせ〜、こちとら冗談じゃ〜」と思っていたのだが、それを見た別のユーザーたちも批判してきたのである。

もし私が本当にお金をもらっていたら彼らの言うことももっともだが、もちろんそうではないわけで、今のネット社会における創作に対する許容量の低さも実感した。

募金を促すWikipediaの広告のような文言がロールカーテン状になっていて、装着した人の顔まで降りてくる仕組みだ。

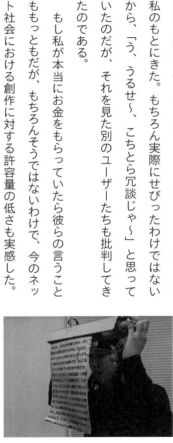

今後もしかしたら、こういった小さな意見でせっかく作ったものを取り下げないといけなくなる時もあるだろう。記事の拡散が瞬間的に行われるように、作品に対するコメントも瞬間的に拡散してしまう。また、私が文章で表現したい「怒りと悲哀」は人によって捉え方に差が出やすい。第1章で話したが、作る段階で表現のチェックをしっかり行わなくてはいけない。

万人が分かる「無駄づくり」を作りたいわけではないのだが、なるべく多くの人に分かってほしい。表現も「無駄づくり」も、相手があってこそのものである。だからこそ、自分以外に〝見せる〟時は、多方面から表現をチェックして、伝えたいことが確実に伝わるように〝見せ方〟を熟考している。

以上が、私が行っているインターネットでの〝見せる〟行為だ。今後、他のＳＮＳウェブサービスが出てくることで、また変わってくるだろう。

拡散する

インターネットで〝見せる〟ことをしていると、どうしても〝拡散〟という言葉がキーポイントになってくる。今や同義の〝バズる〟という言葉は、中高生も使うほど広がっている。

拡散するために必要なものは何だろうか。

インターネットの視聴媒体がスマホに移り変わってきたことで、ネットサーフィンをスキマ時間にすることが一般的になった。私がネットを始めた十数年前は、パソコンの電源を付けて、ブオーという心配になる音と共に、起動するのを数分待ってからようやくネットに接続していたのに、今はすごく便利になったなあ。

それに、前よりもインターネット上にコンテンツが増えている。ＰＤＦのリンクを踏んだだけでパソコンが数分動かなくなったあのころよりも、短い時間で様々なメディアのコンテンツを視聴できるようになった。そして、面白いものが溢れているからこそ、昔よりも一つ一つのコンテンツをしっかりと視聴しなくなった。最初の数秒で心を掴まれないと、すぐに他に目移りしてしまう。拡散されるコンテンツにするためには、最初の掴みが必要だ。

「無駄づくり」に関していうと、YouTubeの場合、ハイライトを冒頭に持ってくる工夫をしている。作ったものを説明するシーンより先にハイライトを見せた方が、離脱されずに最後まで見られやすい。仮に離脱してしまっても、視聴者の記憶に残りやすいのだ。

記事の場合は、導入で「面白そう」と思えるように工夫する。また、タイトルやリード文、サムネイルなど、視聴以前の情報にインパクトを持たせることも大切だ。面白さをなるべく多くの人に伝えるために、視聴者の動きを想定して作っていく。

そして、インターネットユーザーはどんどん増えていっている。私の母もSNSを使っているし、祖母もらくらくフォンを使い「氷川きよし」と検索しているほどだ。

「無駄づくり」は、様々な人が見てくれている。私のTwitterのフォロワーにも、色々な人たちがいる。大半を占めているのは、コメディが好きな人たちだ。そして、ものづくりに興味がある人たち。そのなかでも、電子工作などに興味のあるエンジニア。また、YouTuberが好きな中高生もいる。アートに関心がある人たちも多い。年齢も性別も仕事も趣味もバラバラな人たちが、「無駄づくり」に興味を持ってくれている。私は、これが拡散に繋がると思っている。

たくさんの人の目に触れる〝拡散〟を起こすには、そういったいくつもの面を持つことが大切だ。面を増やすことができたら、どこかの面が拡散していく。例えば、電子工作で面白いことをした「無駄づくり」を投稿すると、フォロワーの中にいる電子工作好きな人たちがシェアし、それが広がっていくのだ。もし視聴者がすべて女子高生だったとしたら、そういった形での拡散は難しいはずだ。

視聴者を多面的にすることで、何をしてもどこかの面に伝わり、拡散されていくのである。では、面を増やすとは具体的にどういうことだろうか。

初め、私は芸人をやっていたため、お笑い好きに響く面しかなかった。そこで、私は2ちゃんねるを開いた。

2ちゃんねるの「YouTuberスレ」に「オヌヌメのYouTuber情報キボンヌ」みたいな書き込みがあったので、『無駄づくり』ってやつオヌヌメ」と返信をした。それから毎日2ちゃんねるを開き「面白いYouTuber」として、「無駄づくり」を紹介した。あのころ、そこにいた名無しさんたちは、見てくれていたのだろうか。地道な活動を続けていたものの、ある日「こいつ、自作自演だろ」とレスがついたことをキッカケに辞めることにした。

2ちゃんねるでの自作自演はバレてしまったが、面を増やすためには、〝コミュニティ〟がキーになる。

私は、いくつものコミュニティに飛び込んでいる。お笑いもそうだが、ものづくりだったり、YouTuberだったり、ライターだったり。そういったコミュニティの一員になることで、横のつながりができ、「無駄づくり」を知って面白がってもらえたら、その人たちが自然と友達にシェアしてくれる。「コミュニティ」と言っても、mixiのように明確なグループがあるわけではない。「付き合う人たちの幅を広げる」という表現が近いかもしれない。自分に興味を持ってくれている人たちや、逆に自身で興味を持っている人たちと積極的に関わり、関係を作ることで人脈ができる。「人脈」というと、少し利己的に聞こえてしまうが、私にとって人脈とは、楽しく話せる同志や尊敬できる先輩方のことだ。

結果として、様々なコミュニティに属したおかげで露出が増えた。ものづくりメディアで紹介していただいたり、人気YouTuberとコラボレーション動画を撮影して、面を増やしていったのである。

もちろん、つまらないコンテンツは拡散されづらい。いや、つまらなすぎたら逆にシェアしたくなってしまうけれど……。自分の作った面白いものをたくさんの人に見てもらうために、こうした努力はしていきたい。

ネットの批評について

今は、「1億総クリエイター時代」と呼ばれているらしく、意識が高そうな呼び名に恥ずかしくなりながらも納得している。1億人全員がクリエイターになるということは、1億人全員が批評の対象になるということ。批評と言うと、丹精込めて作った作品を見識のある人がとやかく言うイメージだが、作品を発表するハードルが下がっている今、誰でも匿名で批評することができ、その声は作者に直接届く。

SNSで発表した作品は、見たユーザーたちに批評される。「無駄づくり」に関して言うと、根暗な女が無駄なことをしている動画に対して、「面白い」「つまらない」を軸に様々な反応のコメントが寄せられる。また、YouTubeにはグッドボタンとバッドボタンもあり、言葉にしなくとも作品を見た自分の感情を作者に伝えることができる。しかし、これらの批評の信憑性《しんぴょうせい》はかなり低い。名前や顔はおろか、年齢も職業も不確かな人たちの言うことを信頼できるはずがない。とは言っても、その批評に振り回されてしまうのがSNS時代のクリエイターの宿命だとも思う。

私がYouTubeに投稿を始めてから1、2年の間、コメント欄は高橋ヒロシ先生が描くマンガに出てくる高校くらい荒れていた。「つまらない」から始まり「死ね」や「キモい」「ブス」など、この世の陰湿を溶かして固めたような暴言たちがドシドシ寄せられるのだ。やはり匿名とはいえ、人は悪意を向けられ続けると精神が持たない。カッとなって暴言に暴言で返信したこともあったが、これもまた悪循環を生む。

「誰かが傷つくから、匿名を利用して人を中傷したらダメだよ」と、インターネットユーザーたちに訴えたい。しかし、人の心に悪意が芽生えてしまう以上、SNSへの書き込みを阻止することは私たちにはできないのだ。私もグラビアアイドルの2ちゃんねるに、アンチとして書き込みをしていたので何も言えない。そう考えると、人を変えるよりも自分を変えた方が楽かもしれない。

まず、認めたくないことを認めるところから始める。中傷を自分への批評としてしっかりとカウントすることだ。内容はともかく、私に何か問題があるから中傷が行われると、ひとまず考えるようにした。寄せられる暴言に開き直ったり怒ったり塞ぎ込んだりするのではなく、冷静に分析する。私の場合は、「つまらない」という理由がユーザを怒らせる一番の要因としてあった。泣ける理由だが、これもまた冷静に分析する。「冷静さを欠いたら何も叶わない」。そういう名言はないが、とりあえず冷静にならなくてはならない。

このように、自分に寄せられる悪意や批判の「内容と質」を冷静に分析してみると、それを減らすための方法がみるみるうちに見えてくる。

批判的なコメントがいくら多くても、それが世間一般の総意というわけではない。自分が今いる場所が、自分の表現と合っていない可能性もある。飲み会でウケる鉄板ジョークを中学生に話したところで「つまんねー」と一蹴されてしまうだろう。インターネットは集まっているユーザーの属性が一目で分からないので、そういったことが起こりやすい。

当時、「無駄づくり」はYouTubeのみで見せていたのだが、動画と同時平行でブログ記事を作ることにした。使ったブログサービスは「はてなブログ」というもので、だいたい20〜30代の男性ユーザーが多く、インターネットやサブカルチャーへの感度が高い人たちが集まっている。

「無駄づくり」の動画を紹介する記事をアップしたところ、少しずつアクセスが増えていき、寄せられる意見は好意的なものばかりだった。「面白い」から始まり、「天才」「すごい人を見つけた」「結婚したい」など、YouTubeの反応とは全く真逆である。

ブログによって、自分の作風を面白がってくれるユーザーを獲得し、それで風向きが変わったのか、YouTubeにも好意的な意見が寄せられるようになった。どれだけ小さいコミュニティでも自分を受け入れてくれる場所を一つ作れたことで、匿名の暴言にいちいち傷つくことはなくなった。

一つ場所を見つけられたら、後はどうにかして場所を拡大していくのみ。インターネットをやっていると、このあたりはこういう人が多いな……という感覚が何となくあると思う。「渋谷にはギャルが多い」みたいな感じで、「インスタは女子大生ばっかか」とか「Twitterやっているやつは家系ラーメンが好き」とか。言ってみればただの偏見だが、SNSを使っているとユーザー層が見えてくる瞬間がたまにある。そこを意識すると、自分を受け入れてくれる場所を自ずと拡大できるはず。

作品を発表する場所を試行錯誤してみることは、批判を減らすための最初の手段だ。

批判からモチベーションを保つには

批判をなるべく避けるための方法を経験則で話した。

今は、以前より見てくれる人は増えたが、批判は減った。しかし、どんなに注意してもどんなに自分が善人でも、否定的な意見は必ず出る。月並みな言葉だが、この世のすべての人に愛されることは不可能だ。私が勝手な理由で人のことを嫌いになるように、みんなも勝手な理由で私のことを嫌いになる。それは、しょうがないことだ。

それに、大勢の人を不愉快にしてしまうこともあるかもしれない。いわゆる「炎上」という状態は、社会とズレた人を正論で攻撃することだが、自分が完全に間違っていたとしても、四方八方から正論を言われたら参ってしまいそうだ。それでもモチベーションを保って創作に心を向けるのは、だいぶしんどいものがある。

「冷静に分析するのよ」と言っている私も、悪意を向けられたらその相手を言い負かしたくなる。この前なんて「記事はつまらないけど、劣情を煽《あお》る顔だ」というコメントがついていて、頭に血がのぼり、カッカしてしまった。

しかし、ここで私が反論してしまうと相手の思う壺だ。そんなこと分かっているけど、私が傷ついた分、相手のことも傷つけたいという思いが胸のなかにずっと残る。

そこで、「相手が暗い部屋でコンビニ弁当を食べている姿を想像して自尊心を保つ」という天才的な方法を編み出した。これで怒りもすぐに収束し、冷静になれる。また、各SNSのミュート機能を使って、特定のユーザーを表示しないようにもする。でも本当は、こういうコメントをしてくる人の顔写真をグーグルのトップページに並べる「デジタル晒し首」をしたい。

ネット上で何かを出せば世の中から勝手に批評される時代だ。その批判や中傷のせいで何かを諦めることがないようにしたい。制作のモチベーションを保つために、自分の中で一つ落としどころを作って心を守ることが大切だ。

もちろん、個人を攻撃するようなひどい誹謗中傷や身の危険を感じることはすぐに警察や弁護士に相談しよう。

表現を見せ続けるためには、インターネットユーザーと心地よく付き合っていかなくてはならない。

インターネット以外の「見せる」

「無駄づくり」は、物体があるからオフライン上でも見せることができる。展示やパフォーマンス、紙媒体やテレビやラジオなど、インターネットを飛び出しても、「無駄づくり」の良さは生きる。なるべく、一つのメディアに依存せずに表現していきたいと思っている。そのほうが楽しいし、お金にも変えやすい。

インターネット上で発信することは、今の時代ではとても大切だ。ただ、ネット上での表現に依存しすぎないほうがいいと感じている。映画を見ることは、映画館でも動画配信サービスでもできるけれど、映画館で映画を見ることは映画館でしかできない。ネットで体験できることとできないこと、そこを考えるのが大事なのかもしれない。

もはや、ネットと現代人は切っても切れない関係になってしまった。わざわざ映画館で映画を見ることは、リッチな体験だと思っているし、私は月額課金サービスで音楽を聴いているので、CDを購入することもそうだ。本の読み放題サービスで読んだ、面白かった本を手元に置いておきたいから購入することもある。芝居を観に行くのも、落語を聴きに行くのも、美術館に行くのも、すごくリッチな行為だ。ネットと親密になり、世の中が便利になっていくからこそ、従来のメディアの捉え方が変わってきている。私は、進化というのは不便を切り捨てることではなく、選択肢が増えることだと思っている。だから、ネットが日常に侵食してきた今も、その時代を受け入れながら、好きなメディアを選ぶべきなのではないだろうか。

「SNSでしかウケない」から抜け出そう

SNSでの評価基準は、「いいね」や「フォロワー」、「リツイート」、「ページビュー」といった目に見える数字だ。「SNSでウケる」ということを優先的に考えてしまって、本来のやりたいことや持っているセンスが、少しずつ「SNSでしかウケない」ものに変わっているのかもしれない。それが怖い時がある。

「SNSでウケる」投稿をすることは、正しい選択だと思う。だって、SNSでやっているのだから、そこでテレビサイズのことやスクリーンサイズのことをやっても、面白さが伝わらない。

しかし、そればかりしていると「SNSでウケること」だけをするループから抜け出せなくなってしまうのではないだろうか。

「無駄づくり」の記事や動画を公開して反応がくるのは、だいたい公開日当日から次の日くらいまでだ。それ以降はガクンと見る人が少なくなる。見る人がいなくなるから、なるべく早く、新しい「無駄づくり」をアップする。みんなの消費に合わせてものを作っていく自転車操業だ。良い反応ばかりだったら作っていても楽しいのだけれど、悪い反応が続く時もあって、そういう時は自信がなくなるし憂鬱になる。それでも、何かしらで自分を奮起させて、頑張って作り続けなくてはならない。

「無駄づくり」は、気軽に消費できるようなコンテンツであってほしい。消費されていくコンテンツは決して悪いものではない。私も日々、タイムラインに流れてくる面白いコンテンツを見ては、次の日には忘れてしまっている。

しかし、SNSだけで「無駄づくり」を展開していると、ずっとSNSサイズのままだ。だからこそ、多方面から「無駄づくり」を見る必要がある。

テレビやラジオ、紙媒体、舞台、展示。そういった媒体で「無駄づくり」を見せることで、SNSサイズ以外の表現を思考するきっかけになった。また、コミュニティに関してもそうだ。アート関係者とテレビ関係者では「無駄づくり」を見る角度が全く違う。そういった複数のコミュニティに属することで、情報と思考が生まれる。

SNSで簡単に作品を世に出せるようになったけれど、SNSに合わせて消費のループを続けていくのは、自身の表現を狭めていく。意識しないと感性がSNSに飲み込まれてしまう。飲み込まれないためには、やはり、様々な媒体を通してコンテンツを見せることが必要だと思う。「無駄づくり」を多方面で展開していきたいのだ。

そして、日々手を動かしながら思考することも大切にしている。何も考えなかったら、きっと「無駄づくり」はただ消費されてなくなってしまう。

様々なメディアで〝見せる〟

今よりさらに「無駄づくり」を多方面で展開するために、インターネットから飛び出すことにした。例えば、テレビ出演だ。

『月曜から夜ふかし』（日本テレビ）という深夜に放映しているバラエティ番組がある。これは、世にいる面白おかしい人をピックアップしたVTRに対して、スタジオにいる芸能人がコメントする番組である。すごく面白くて、私もこの番組のファンである。

この番組からオファーがあって出演したのだが、放送直後は、Twitterのフォロワー数がスワイプするたびに増えていくほど反響があった。今でも『月曜から夜ふかし』に出ていた人ですよね？」と声をかけられたりもする。

番組で私が出演した時間は、ほんの数分。しかし、「無駄づくり」の切り取り方をすごく面白くしてくれたおかげで、大反響となった。

私の恋愛にまつわるマシーン「壁ドンしてくれる無駄装置」「全自動目隠しマシーン」

などをいくつか紹介し、最後に「歩くたびにおっぱいが大きくなるマシーン」を披露した。YouTubeの動画のように、無表情で披露した。

放送した後の反響を見ると、〝恋愛ができなくて、かなりヤバイ方向にこじらせてしまった女〟といった切り取られ方になっていた。これは、説明がシンプルな上に整合性もあり、かつインパクトのある見せ方だ。

YouTubeなど、インターネットで「無駄づくり」を見せる時は、自分一人ですべて考えている。客観性を持たせているつもりだが、それは、つもりでしかない。テレビが介入することで、大衆に受け入れられる形での「無駄づくり」の切り取り方を知ることができた。

しかし、私の表現したいことと、このテレビの切り取り方はマッチしない。それでも、「無駄づくり」の入り口として、大衆に寄せて極端に〝見せる〟やり方を知ることができた。

また、2018年から展示を本格的に始めた。

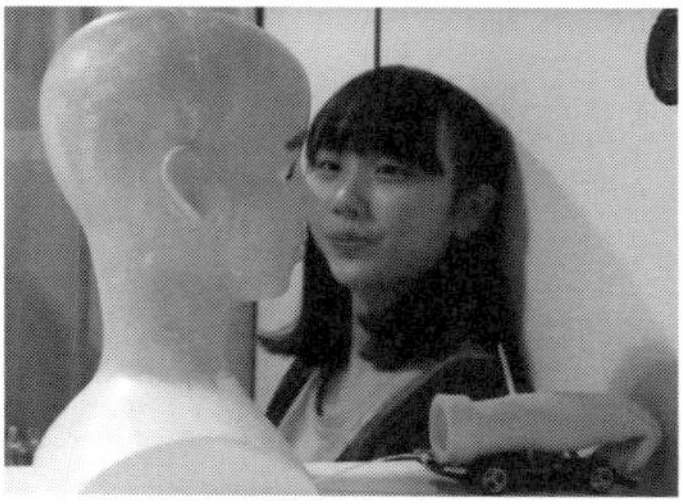

壁ドンしてくれる無駄装置。ミニ四駆にひっぱられて、頭部が近づいてくる。

これまでも、スペースをもらって作ったものを展示していたり、イベントの一環として置くことはあったが、生での見せ方については、あまり深く考えていなかった。

しかし、私の好きな「複雑な間抜けさ」は、展示でしか表現できないのではないだろうかと思いはじめ、2018年3月に行った「福岡アジア美術館」での企画展から、しっかりと設計を始めた。

すべてのマシーンを不定期に動かし、美術品のように額縁に収める展示方法にしたのだが、動いている時のモーター音や不気味さ、滑稽さがよく出て面白い展示となった。2018年5月に行った「アーツ千代田3331」での企画展では、来場者が体験できるコーナーを設置し、これもまた面白くできた。

2018年6月の頭には、台湾にある90坪のギャラリー「華山Laugh&Peace Factory」で個展を開催した。そのギャラリーは、「きゃりーぱみゅぱみゅ展」とか「蜷川実花展」などが行われた広いスペースだ。しかし、予算が全くなかった。

私は個展を成功すべく、お金を増やす方法を考えた。私はものづくりを5年もやっている。そうだ、「お金を増やすマシーン」を作ればいいのだと思ったのだが、どうしても法律に引っかかってしまうので、クラウドファンディングをすることにした。結果として3日間で目標金額である100万円を達成することができ、設計図通りに設営ができた。

この個展の一番の目的は、「無駄づくり」の面白さを現地の人に理解してもらうことだ。展示をすることが決まったのは一ヶ月前で、予算は少ない。その中で、やりたいことを削りながら、台湾の人に分かってもらう〝見せ方〟を考え続けた。

そこで、3つのゾーンに分けることにした。まず1つめは〝「無駄づくり」の笑いの本質を知る〟ゾーン。そして2つめは〝異常な数作っていてヤバイよねゾーン〟。そして3つめは〝使ってみたら楽しいよゾーン〟だ。

1つめの「無駄づくり」の笑いの本質を知るゾーンには、「らくらくハイタッチくん」「インスタ映え台無しマシーン」を展示した。制作した映像作品と実物だ。また、アーティストの神田旭莉さんにデザインしてもらった派手な色使いの胡散臭《うさんくさ》いポスターも2枚ずつ展示した。面白さを詰め込んだ代表作品である映像2つと異様なポスターで、「無駄づくり」とはどういうものなのか、ビジュアルと言語で何となく理解してもらえるようにした。

2つめの異常な数を見せるゾーンは、合計6つの作品と、今までYouTubeチャンネルにアップした動画をいくつかピックアップして繋げた動画をループ再生した。異常な数を作っていることは、「無駄づくり」の面白さの一つだ。本当は、すべて持って行きたかったのだが、そんな予算も時間もなかったので映像で補った。

3つめの体験ゾーンは、「無駄づくり」をお客さんに実際に体験してもらうことで面白さを伝える場にした。先ほど、「リッチな体験が重要になる」と話したが、この展示では、実際に展示物に触れて写真撮影ができる場を提供した。そこには「SNOWのままでいられるマシーン」、「札束で頬をなでられるマシーン」、「歩くたびにおっぱいが大きくなるマシーン」、「らくらくハイタッチくん」を展示した。

ただ、内装にお金をかけすぎたため、入り口に掲示する看板は手書きで制作した。看板こそお金をかけたほうがいいに決まっているのに、当時は全く頭が回らなかったのだ。3メートルほどある大きな看板を白く塗り、ピンクの絵の具でハサミを持っている私の似顔絵を描いた。会場のある地区は、とてもおしゃれな雰囲気だったので、この大きな看板がすごく浮いていた。

台湾「華山Laugh&Peace Factory」での個展の看板。3メートル近くあってよく目立つ。背景は白く、ピンクの絵の具でハサミを持った女の子が大きく描かれている。

初めての海外での個展である。言葉も文化も違う国で、「無駄づくり」が通じるのか全く分からなかった。何か展示内容に台湾でのタブーの要素が含まれていて、炎上したらどうしよう……。怯えながら展示初日を迎えた。

ドアを開けると扉の外には人だかりができていた。その人だかりがみんな、この会場に入って行く。そして、展示物を見てゲラゲラ笑っていた。台湾でのコネクションなんて全くなかったのに、最終的に行列ができていた。

現地の人に聞いてみたところ、まず台湾の人は好奇心旺盛。あんな変な看板があったら、入ってしまうとのことだった。実際に、看板はインスタスポットになり、たくさんの人が写真を撮影していた。日本だったら無料でもこんな意味不明な場所に人はこないだろう。台湾の人たちが楽しんで笑ってくれているのを見て、とても嬉しかった。

台湾の人はSNSが大好きだ。特にInstagram。3つめのゾーンである「体験スペース」もインスタ映えスポットになっていた。個展のサブタイトルをハッシュタグにしたのだが、来場者のみなさんはそのサブタイトルをタグ付けして投稿をしてくれていた。

その投稿を見て来たのかは定かではないが、平日も人が絶えることはなく、1日に

1000人以上訪れていた。休日になると5000人以上にもなった。なんと、8日間の期間中、合計で2万5000人以上の来場があった。東京ドームが5万5000人入るから、約その半分である。さいたまスーパーアリーナが最大3万7000人入るから、少し余るくらいである。ちょうどいい例えが見つからなかったが、とにかく多い。

会場にいると、「すごいです」とか「面白かった!」とわざわざ翻訳アプリを通して話しかけてくれる人も多くすごく嬉しかった。言葉や文化の壁を乗り越えて、「無駄づくり」でコミュニケーションをとれるのは新しい体験だった。

〝現地の人に「無駄づくり」を理解してもらう〟という目標がクリアできて、ホッとした。〝見せる〟ことを思考し続けたことが、こうやって実績として返ってきて嬉しい。

ソーシャルメディアは、結局、人と人との繋がりだ。例え、ネットを飛び出しても「無駄づくり」の見せ方は応用していけるのだ。そして「無駄づくり」は、どこかにとどまることなく、いくつもの媒体やカルチャーを突き抜けていきたい。

でも、なぜ、作ったものを見せるのだろうか。純粋に作ったものを見てほしい気持ちももちろんあるが、〝何かが起きてほしいから〟見せているのだと思う。

何かを起こすために見せるとしたら、その「何か」を明確にしなければならない。

文章の仕事がもっと欲しかったら、編集者の目に入る場所で渾身の文章を書く。映像の仕事がしたかったら、絵を描く仕事がしたかったら、広告の仕事がしたかったら……。目的をはっきりさせてから、効果的な見せ方を考えることが大切だ。


〝見せる〟ことで広がる。何かが起こるのだ。そして、それが〝稼ぐ〟ことへと繋がる。

第4章　無駄なことを続けるために「稼ぐ」

作った無駄を分かって見せることができたら、後は稼ぐのみ。生活する上でお金は必要だ。綺麗な石が通貨の代わりになったら素敵なのにね。

「無駄づくり」を始めてから3年くらいは、バイトが私の主な収入源だった。20歳になる少し前に始めたから23歳くらいまでだ。一番長く続けていたのは、20歳から22歳くらいまでしていた居酒屋のバイトだったのだが、なかなか時給がよかった。バイトリーダーにもなったし。

芸人をしていた時、よく〝成功〟について考えていた。お笑いでの成功って何だろう。たくさんの人を笑わすことだろうか。それとも、お金を山のように稼ぐことだろうか。テレビにいっぱい出ることだろうか。人気者になること。賞を獲ること。じゃあ、「無駄づくり」にとっての成功って何だろう。よく分からない。でも、何をするにしても、成功を目指さなければならないような気がする。ずっと漠然とした場所に向かって努力していた。

芸人という職業は、食えないのが当たり前だ。職業と言ったけれど、芸人は職業なのかも分からない。ある人が「芸人は精神だ」と言っていて、私もそうだと思った。芸人としての活動を辞めても、芸人という精神を辞めることはなかなか難しい。面白がられたい、笑われたい。不安な時も、嫌なことが起こった時も、面白く思われたくてしょうがない。

私はもう芸人として成功することを諦めてしまったけれど、精神としての芸人性は残っている。でも、精神だけでお金は稼げない。お金を稼ぐには、社会性とか専門性、人脈、信頼、運、時代を見る目……そういうものが必要なのだ。それでも、私はけっこう長い期間、精神だけで食べられると思っていた。精神を研ぎ澄ませていけば、後は周りが勝手になんか色々とやって、それをお金に変えてくれるだろうと信じていた。だから、今は食えてなくていいのだと、なぜか堂々としていた。

夕方から終電までバイトをして、帰宅したら「無駄づくり」。少し寝てまた「無駄づくり」。そして、またバイトへ行くという日々を過ごしていた。YouTubeを週に2、3本はアップしておきたかったので、かなりストイックな生活をしていた。

この生活をいつまで続けるのだろうか。年齢を重ねるごとにかかるお金は増える。現に、当時の給料では生活がきつく、もっとバイトのシフトを増やさなくてはいけなくなった。

しかし、これ以上働く時間を増やしたら、「無駄づくり」の時間がなくなってしまう。稼ぐことを考えていかなくてはいけない。無駄なことを続けるために。

集団に吸い込まれないやり方

固定観念めいたものがあった。芸人たるもの、稼げなくて当然だとか、金がないほうが面白いとか。業界の風土にのまれて、本質を失っていたように思える。

テレビに出たかったのもそうだった。芸人をしていた時は、テレビに出ることが、一種のステータスのような気がして、辺り構わずテレビ出演のオーディションに参加していた。面白いことがしたいのか、テレビに出たいのかよく分からない。面白いことをして、テレビに出たかったはずが、いつのまにかテレビに出るために面白いことをするという意識にすり変わっていた。私のやりたいことが見えなくなっていた。

業界のせいだ、と言うのはやや横暴だけれど、やっぱりずっと昔からある集団というのは、様々な思考が簡略化されて、行動だけが受け継がれていたりする。「何が何でもテレビに出るのだ」という考えもきっとそれに近い。好きなことをやる人生を歩もうと思って芸人になったのに、集団の一部に吸い込まれていく。おとなしく吸い込まれたほうが、居心地がいいしね。

どの業界にもあるのかもしれないが、お笑い界にも美学があり、それこそが私のプライドの根源でもあった。YouTubeを始める時も、その美学が邪魔をした。売れてないにしても一芸人が、一般人に交じってお笑いっぽいことをやるなんてプライドが許さない。YouTubeなんて。なんか横文字だし。カッコつけやがって。そんな思いもあった。それでも私はYouTubeを始めたのだけれど、きっと周りの芸人からもそう思われているんだろうなあとキョロキョロしながら活動していたし、実際そういうことを言われた。今思えば、業界の美学なんてくだらないけど、当時はけっこう大切に思っていた上に、守れなかった自分自身に少し幻滅した。

本当に私がしたいことってなんだろう。

私には何か表現したいことがある。「無駄づくり」を続けていくうちに、それが徐々に明確になってきた。今度は、しっくりくる場所を見つけなければならない。おとなしく集団の一部になっている場合ではない。芸人だから。大人だから。こういうものだから。そんな透明の鎖に縛られて、身動きが取れなくなっていた自分が恥ずかしい。固定観念や美学といった大切かどうか分からないものに、支配されている場合ではない。本質を見つけるためには、私は動き続けなければならない。固定観念のねじを外そう。流動的に生きていこう。時代はすぐにやってきてしまう。

〝稼ぐ〟ことは、まず、自分のためにすることである。業界の風土や美学などは置いといて、真剣に向き合っていきたいのだ。

自分の表現と既存の稼ぎ方をマッチさせる

「無駄づくり」で食べられない理由を考えてみた。YouTuberという人たちは毎月100万円以上稼いでいると聞いていたのに、私はその金額にたどり着ける気がしなかった。

これを言ったらドン引きされるかもしれないが、私はYouTubeに毎月4本くらい動画をアップしているけど、月に5000円くらいにしかなっていない。これはかなりヤバイ。

YouTubeで稼ぐ仕組みを説明したい。YouTubeで動画を見ている人は分かると思うが、動画が始まる前にCMが流れることはないだろうか。あれが流れると数銭円がアップロードした人に入るようになっている。後は、下部に出てくるバナー広告も、クリックしたらアップロードした人にお金が入る。だから、再生回数が多ければ多いほど潤うのだ。

しかし、再生回数を多くしようと、人を欺くようなことをしても無駄である。YouTubeのアルゴリズムは賢い。動画の下にあるグッドとバッドボタンの比率や、動画の継続視聴率などを含めた上で、広告収入の単価が決まってくるのだ。タイトルやサムネイルだけ過激で内容が粗悪な動画をアップしても、収入には結びつかない。

色々と説明したけれど、なぜ「無駄づくり」がYouTubeで稼げないかと言うと、ただ人気が伸びないからだ。

そのため、インターネットを使ってYouTube以外で「無駄づくり」をマネタイズする方法を探すことにした。

儲け方というのは、千差万別である。小売、マージン、入場料、投げ銭、ギャラ、原稿料、契約金、給料、プロモーション費、制作費、運営費……。その既存の稼ぎ方と今までしてきた〝見せる〟行為をマッチさせて、仕事に変えていこうと思った。

第3章で〝見せる〟ことについて話した。〝見せる〟ことが〝稼ぐ〟ことに繋がっていくのだ。私は「記事」と「映像」で「無駄づくり」を見せている。この〝見せる〟場所を〝稼ぐ〟場所に変えていきたい。

まず、文章から考えようと思う。私は「無駄づくり」を作ったら、「記事」にしてブログに投稿していた。「記事」は、〝原稿料〟に変えられるかもしれない。

調べるとネット上には、「ウェブメディア」という存在があることを知った。インターネット上の雑誌みたいなもので、ライターが記事を書いて定期的に情報を発信しているサイトだ。ニュース、ファッション、エンタメなど、ジャンルは多岐にわたる。運営媒体も、企業だったり個人だったりと多様だ。

今は誰にも頼まれずにブログを書いているが、もし、こういった「ウェブメディア」で原稿料をもらって同じようなことを書くことができたら、それは理想的である。

次に、「映像」について考えてみよう。YouTubeとSNSなどで「無駄づくり」の映像をアップしているが、これはどうやったらお金になるだろうか。

映像を作る仕事の中には、エディターとか監督とか演出とか……。たくさんあるけれども、「無駄づくり」から離れてしまう。そこで、たどり着いたのは「プロモーション」だった。YouTuberが企業とタイアップして動画を制作することがよくある。いつもの動画のようだけれど、紹介している商品やサービスの宣伝に繋がるように作られているのだ。この動画は、クライアントの要望を取り入れなくてはいけないけれど、裁量はYouTuber本人にある。

また、Twitterも「プロモーション」のハブとして使える。いつもアップしている短い動画を企業とのタイアップにすることや、誘導先のリンクをプロモーションサイトにすることでその効果はあるだろう。

「無駄づくり」と企業のコラボレーションで作品と映像を作り、「プロモーション」として活用していくのだ。

そして、これを実際にお金にするために行動していこう。

インターネットで〝稼ぐ〟

そもそも、お金というのは、どういう時にもらえるものなのだろうか。時給で働いていた時は、時間を売っているという感覚だった。でも、表現をお金にするということは、そういうことじゃない。

お金がどこからやってくるのかを考えてみた。先ほど説明したYouTubeの収益システムの元にあるのは広告費だ。企業の広告費が様々な場所を介して、最終的にクリエイターに入ってくる。テレビに出ている芸人はどうだろうか。テレビ局からギャラをもらっているけれど、それもスポンサー企業の広告費から来るお金が主たるものになる。

今の時代、広告市場がインターネットにどんどん広がっている。ということは、インターネットを使って色々な企業の広告費の端っこをもらえるようになれたら、食えるようになる気がする。そのためには、どうすればいいのだろうか。

私が、唸りながら考えて出した結論は、〝お金持ちに好かれる〟だ。
偏差値が低い言い方をしてしまった。けれど、企業の広告費を動かせる人が「無駄づくり」を面白いと思ってくれて、かつ、私のことを信頼してくれたら、それだけで何か一つ仕事が生まれる。面白いと思うかどうかは個人の感性に委ねるしかないから、その辺に関しては、私は好きなように表現を続けるとして、〝信頼〟の部分を少し考えようと思う。

お金を渡す時、そこには必ず〝信頼〟が必要になる。その信頼とは、〝納期通りに想定したクオリティ以上のものが提出される〟かどうかである。仕事が欲しいクリエイター側としては「そんなこと当たり前にやりまっせ！　オイラに任せてくだせえよ！」と腕まくりをするが、大きな責任を負いながら仕事をしている企業の方は、口だけでは信頼してくれない。

じゃあ、どうしたら信頼して仕事を頼んでもらえるのかというと、〝見せる〟ことが重要になってくるのだ。「無駄づくり」は5年も続けていて、作ったものは200個以上だ。そして、様々な媒体を通して見せ続けている。これによって、仕事を頼む側もクオリティの想定ができるのだ。多く作っていることで、私自身も依頼者も「無駄づくり」の方向性が分かり、だいたいの出来上がりが想定できる。

また、〝信頼〟されるためには、数字を持つことも大切だ。インターネットは、様々な数字がオープンになっている。私のフォロワー数も動画の再生回数もだ。数字が多いと、人気があると思うのは必然的である。先ほど〝面白いと思うかどうかは、個人の感性に委ねるしかない〟と言ったが、この個人の感性を裏付けるのが数字だ。もちろん、フォロワー数が少なくても面白い人はたくさんいるし、再生回数が少ない面白い動画もたくさんある。けれど、そこに仕事を頼むには勇気がいると思うのだ。よほど心を動かされた時だけだと思う。

全く同じことをしていても、数字によって人の見方が変わってしまう。好きなことをやるためには、様々な数字を伸ばしていかなければならない。

まずは、先方に勇気がなくても仕事を頼まれる人にならなくてはいけないのだ。

数字を伸ばす

数字を伸ばしたら信頼を獲得できる。では、どうやったら数字が伸びるのだろうか。

たまに「フォロワーってどうやって増やすんですか?」と聞かれることがあるのだが、私もまじで分からない。ウケるコンテンツをアップして、それが多くの人にリーチすることで自然に増えていく……としか答えられない。

私の場合、「無駄づくり」の短い動画をコツコツとアップし続けてからは、徐々にフォロワーが増えていった。

爆発的に増えたのは、「会社を休む理由を生成するマシーン」を作った時だ。これは、仕事に行きたくない時に、会社を休む理由をランダムに生成してくれるというもの。そう、タイトルのままだ。『ザ・ベストテン』（TBS）でランキングを表示するパタパタ動く仕組みを使っており、「誰が」「どうした」といった2つの要素を、ランダムに組み合わせると理由が生成される。

Twitterに載せた動画はiPhoneで撮影した7秒のものだ。スイッチを入れるとパタパタとマシーンが動き出す。スイッチを止めると、「弟が」「虫になったため」で停止した。

この動画だが、結果的に10万リツイートされ、1日で1万人ほどフォロワーが増え、『月

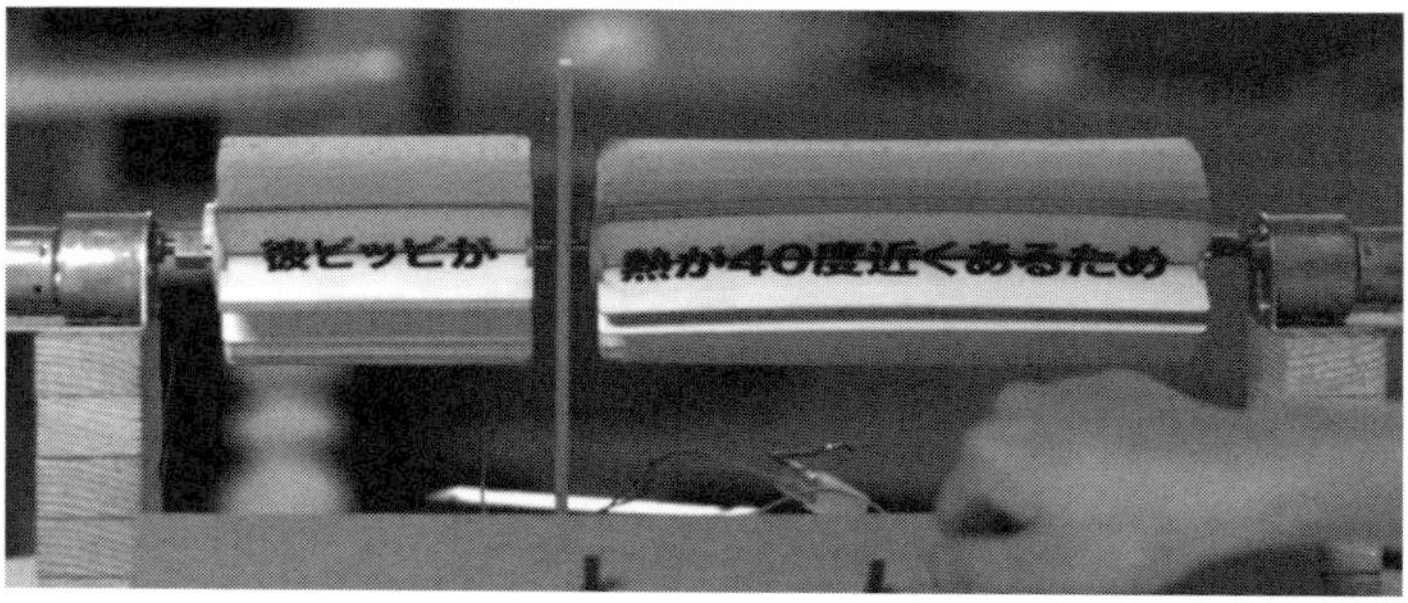

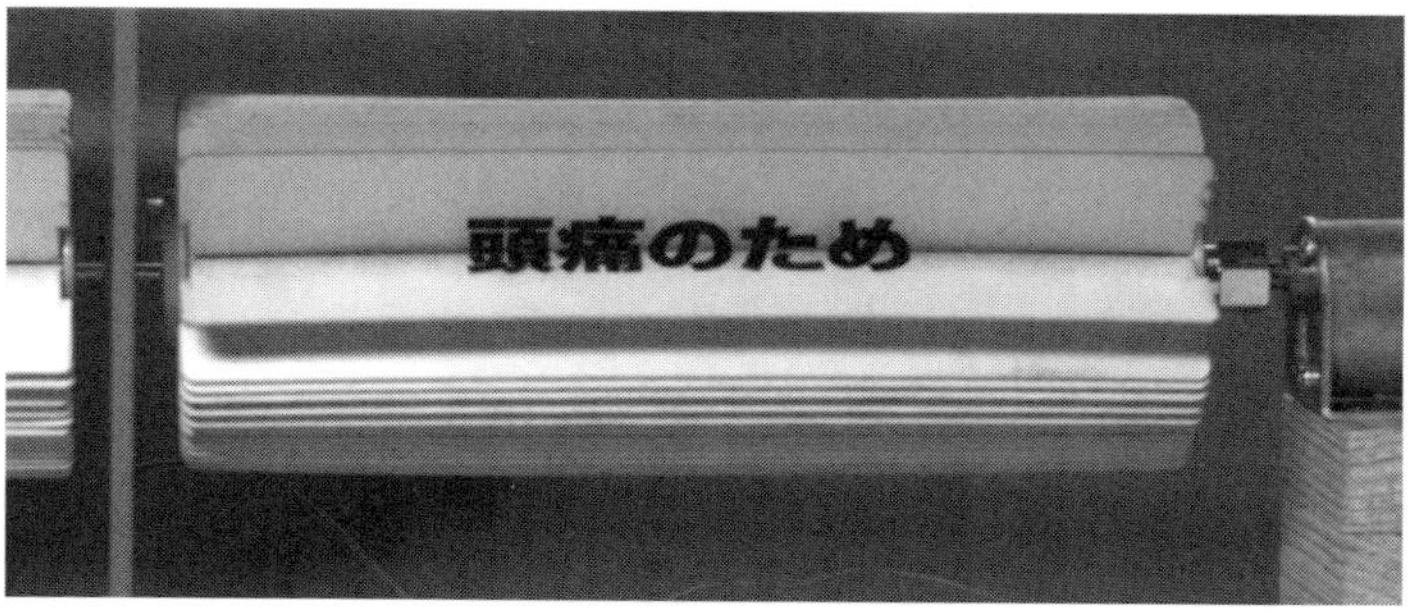

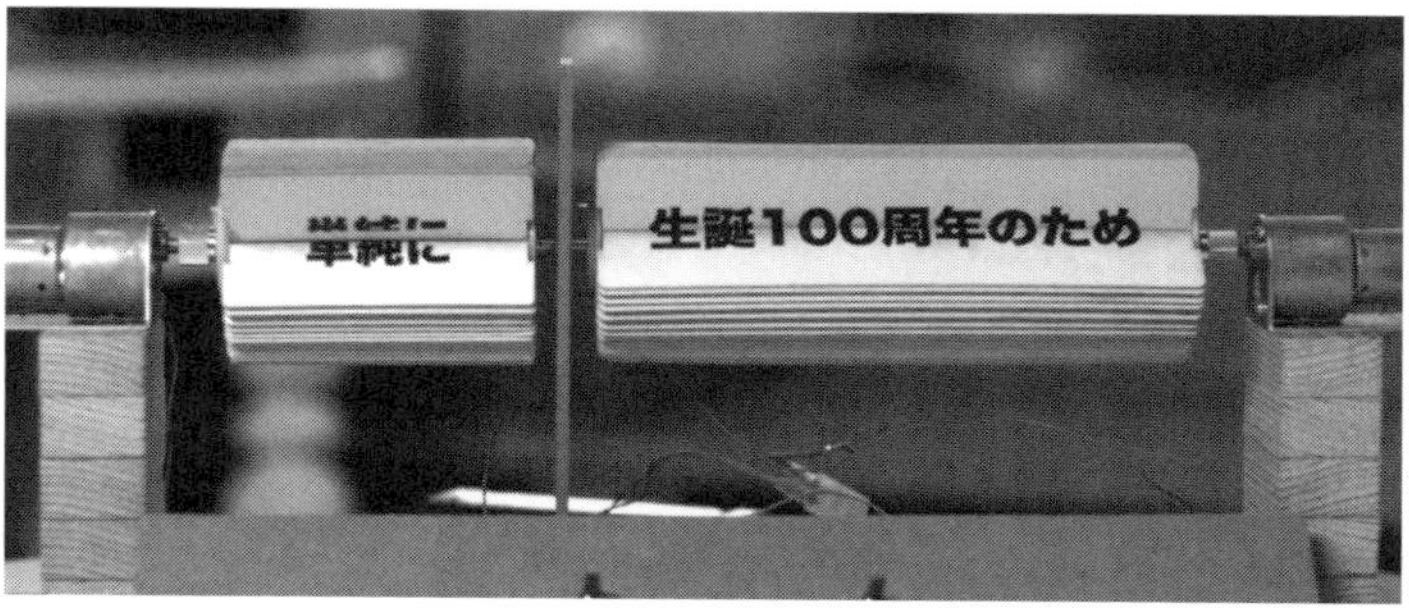

会社を休む理由を生成するマシーン。パタパタめくれて理由が自動的に決まる。

曜から夜ふかし』に出演した時と同じぐらい拡散された。

拡散されたことで、フォロワーが増えることは当然といえば当然である。しかし、フォローボタンを押すには興味を刺激させないとならない。

「無駄づくり」と一言でまとめた私の作品を見て面白いと思ってくれたら、きっと過去の作品も見ようとしてくれるはずだ。

「モーメント」というツイートを束ねられるTwitterの機能を使用して、私のTwitter上には「無駄づくり」の代表作をまとめておいたり、プロフィールのあるトップページにはYouTubeチャンネルのリンクを貼っていたりする。

そこで、Twitter上にある過去の作品を見た人が「今後の動向も気になるな」と思ってくれたら、きっとフォローボタンを押してくれるのだろう。おそらく「会社を休む理由を生成するマシーン」を見てくれたり、『月曜から夜更かし』を見てくれた1万人の人たちは、そうした行動をとってくれたのではないだろうか。

これは実際に数字にも出ている。2018年9月現在のTwitterのアナリティクスを見てみると、10万リツイートされたツイートからフォローボタンを押したのは、わずか75人と少ない。一方、プロフィールをクリックしたのは16万2813人。フォロワーが約1万人ほど増えたので、約16分の1の人たちがフォローボタンを押してくれたのだろう。

割合的に考えると、プロフィールページからフォローに結び付くことが多いことがわかる。

見せ続けたから、いざという時に数字を増やすことができた。インターネットである程度の数字を持ったら、無双モードである。バイトを辞めるために、「無駄づくり」を続けるために、数字を武器にお金をむしり取りに行く。

組織からお金をもらう

ここからは具体的な事例を含めて、私のやり方をお伝えしたい。まずは組織からお金をもらうにはどうしていたか。

文章をお金にする

「無駄づくり」を文章で見せるために、ブログに「無駄づくり」の記事を書き始めた。今見返すとかなり文章が下手な上に、あまり面白くもないのだがとにかく書いた。下手でも世に出せるのがインターネットのいいところだ。しかし、これをお金にしようとした時にこのスキルだと難しいと感じた。

著名なウェブライターの方に、ブログの記事を読んでもらう機会があったのだが、その時こう評された。

『無駄づくり』の発想は面白い。でも、面白さを文章に落とし込められていない」

今思い出しても、すごく的確だと思う。

文章力を上げるために本を2冊読んだ。阿部紘久著『文章力の基本』（日本実業出版社）と、佐藤信夫著『レトリック認識』（講談社）というものだ。この2冊を読んだだけで、書く文章がだいぶ変わり、文章表現の楽しさが分かってきた。書いていて楽しくない時も多かったのだけれど、それでも書き続けている。今はだいぶ楽しい。

コンスタントに記事を書いていると、ウェブメディアから記事の寄稿依頼がきた。そこで初めてお金をもらって「無駄づくり」のネット記事を書いた。

記事のために新しく「無駄づくり」を制作するのだが、原稿料とは別にその制作費も出た。今までは誰にも頼まれずに自費で「無駄づくり」を作ってきたけど、原稿として納品したら、制作費とある程度のお金がもらえる。クライアントにもよるが、記事で作ったものを動画にして自らのYouTubeチャンネルにアップしても大丈夫だったりする。

毎月4本はYouTubeを更新している。ということは、毎月4本のウェブ連載を獲得すれば、安定したお金をもらいながら「無駄づくり」を続けることができるのだ。やだ、頭がよすぎではありませんか。

文章の本を読んだからといって、すぐに文章力がつくわけではなかった。お金をもらっている身で申し訳ないが、最初の寄稿は今見ると恥ずかしいほどに下手だ。

そして、個人ブログも並行しながら、いくつもの「無駄づくり」記事を書いていった。一つ仕事はきたけれど、次の仕事はなかなかこない。しばらく待って連絡がきた。その仕事をこなす。そして、また連絡がきて仕事をこなす。

そうやって、何回目かで書いた「ヒモ貯金箱」という発明品を使った記事が少しヒットした。このマシーンは、若手バンドマンをヒモにしたいけれど、お金がないのでヒモを養っている気分になれるというものである。ラジコンにマネキンの頭がついており、その頭頂部が貯金箱になっている。そこにお金を入れるとラジコンが動き抱きついてくれるのだ。ラジコンのスピードが速いため、頭に入ったお金がすべて吹っ飛ぶ。

この記事が拡散され、ページビューが伸びた。すると、それが実績になり仕事に繋がっていった。

〝信頼〟が徐々にできはじめ、連載を持てるようになった。そんな風に増えていき、今は思惑通り月に4つから5つの連載をこなし、「無駄づくり」を作ることでお金をもらえるようになった。さすが私である。

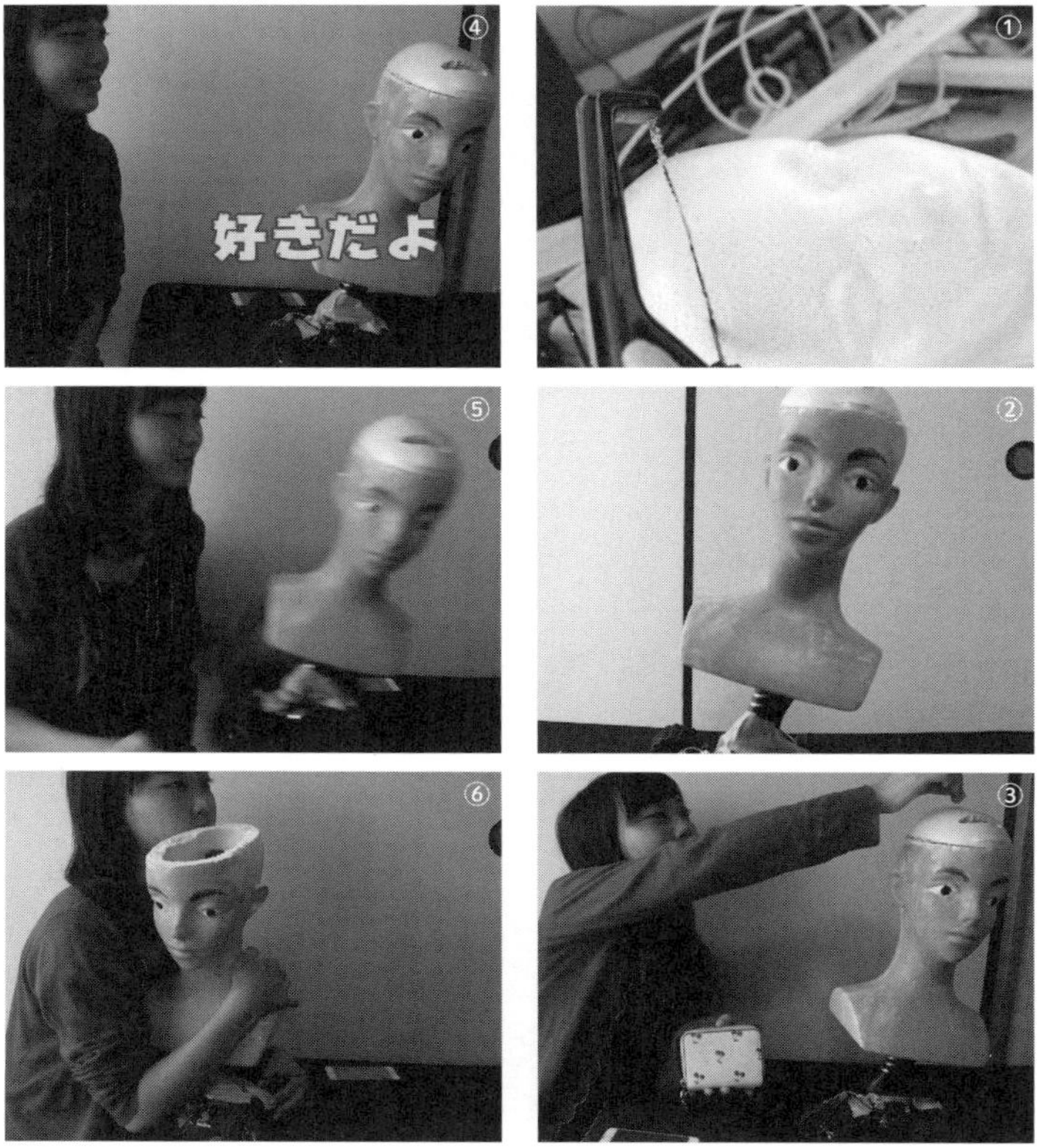

売れてない若手俳優やバンドマンに貢ぎたい！そんな思いでできた装置こと「ヒモ貯金箱」。①発泡スチロールで形を作る。②イケメンに見えるように顔を描いてみた。首元にはラジコンがついている。③頭頂部にくりぬかれた穴にお金を入れると、電子基盤が反応し、イケメンボイスが流れる。④課金すればするほど、愛のある言葉をたくさんGet！ ⑤ある一定額が貯まると、いきなりラジコンが走り出す。⑥頭がはじけ飛ぶほど、勢いよく胸に飛び込んできてくれる。

映像をお金にする

数字を伸ばした結果、ウェブメディアへの連載以外にもインターネット上で仕事を広げられた。一つは、プロモーションだ。Twitterのフォロワーが2万人を超えたあたりから、プロモーションの依頼がかなりくるようになった。

プロモーションと言っても、ツイートの中で何気なく商品を褒めるなどではない。それでお金がもらえたらいいなあとは思うけれど、私の場合は提示された商品と絡めた「無駄づくり」を製作し、映像化して、それをTwitterやYouTubeなどで拡散するといった方法だ。

第1章の冒頭に書いたが、「Twitterでバーベキューと呟かれると藁人形に五寸釘を打ち付けられる」がそういった仕事の一つだ。いや、なんのプロモーションだよと思うだろう。私もたまに忘れてしまうのだが、これはポータブルクーラーのプロモーションだ。

動画の中で製品を見切れさせ、最終的に「頭を冷やそう」といった形で無理やりクーラーの宣伝をしたので、クライアントからオッケーが出た。さらに、Twitterに添付する短い動画を制作し誘導先に商品のサイトを入れた。

また、「イケメンがクソリプを読み上げる」というものを製作した。これは、音声ソフトを開発している会社のプロモーションとして制作し技術協力もしてくれた。

連載と違って少し製品に寄せたり、クライアントチェックが厳しかったりと自由度は低い。しかし、頼んでくる会社は私の作っているものや、スキルを知ってくれているため、制作段階での齟齬《そご》が生まれにくい。

また、何と言ってもプロモーションは予算が潤沢にある場合が多い。だから、ずっと作りたかったものをこの機会に作ることができる。

私がずっと作りたかったもの。それは、おしゃれな人の服がダサくなるメガネだ。私はおしゃれな人が多い表参道を歩くのが怖いので、自分がメガネをかけることで全員ダサく見えるようになってほしいと思っていた。AR（仮想現実）の技術を使って、服を認識すると服の上にヤンキーがよく着て

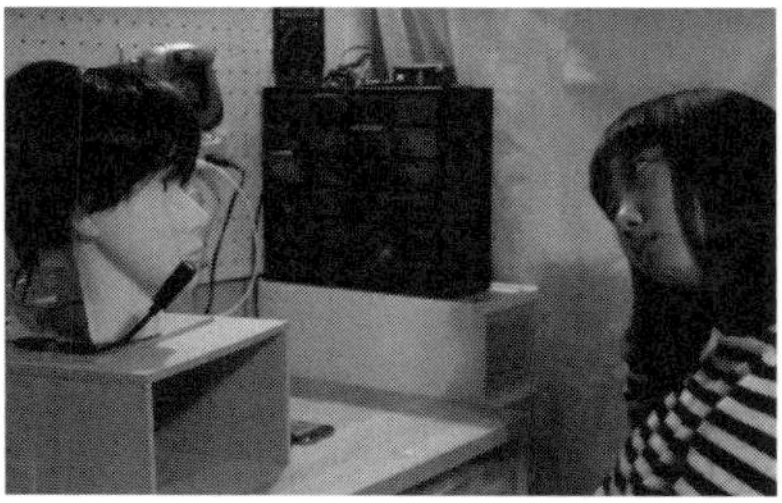

イケメンがクソリプを読み上げてくれる。

いる犬の刺繍とか、中学生が着そうな英字が書かれた柄とか、それが浮き上がる仕組みを考えていた。しかし、私にはARといった技術は分からないので、誰かにお金を払って頼もうと思っていた。

そんな最中にプロモーションとは違うが、大手企業が協賛している企画展示で、新しい作品と映像の制作依頼をされた。

その際、予算をもらえたため、ずっと作りたかったこのマシーンを作ることができたのだ。

「自腹を切ってもやるぞ！」という時はある。しかし、それればかりしていると続けることはできない。だから、やりたいことは仕事と結びつけて叶えていきたい。

個人からお金をもらう

ここまでは、企業からお金をもらう稼ぎ方について話した。

ここからは、個人からお金をもらう稼ぐ方法について話そう

ダサい服に見えるARメガネをかけている様子。

と思う。といっても、「無駄づくり」は、あまり個人からお金をもらう稼ぎ方をしていない。私自身が貧乏なので、「無駄づくり」を好いてくれるほとんどの人が貧乏なんじゃないかと勝手に思っているからである。貧乏人が貧乏人にお金をたかるのは、ちょっときついものがある。

だから、今少ししていることと、これからしようと思っていることも含めて話していきたい。

グッズ販売

グッズ販売も、個人からお金をもらう稼ぎ方の一つだろう。私は、Tシャツなどをインターネットで販売している。デザインは、「無駄づくり」のオープニングアニメーションだ。最初は、「手作りがいいっしょ!」と思い、シルクスクリーンで一枚一枚手刷りをしていた。しかし、不器用すぎるため3分の1のTシャツをダメにして、綺麗にできたものを完売したものの赤字になってしまった。

タイムスリップして過去の私に教えたいのだが、今はすごく便利なネットサービスがある。利用している人もいるかもしれないが、デザインをウェブ上にアップロードするだけで、Tシャツ、パーカー、マグカップなどなど……注文が入ったら勝手にグッズを作ってくれる。注文が入ってから制作するので在庫を抱える必要もない。設定した利益だけが入ってくる。そんな神になった気分になれるサービスが今はある。

クリエイター側のリスクがゼロなので、私もこちらを利用している。それでも、月に1つとわずかしか売れないので利益は500円程度である。

■ クラウドファンディング

〝稼ぐ〟とは少し違うが、2018年5月にクラウドファンディングを利用した。これまでちょこちょこ話に出てきた台湾での個展の際に予算が全く出なかったので泣く泣く始めたのだ。

先ほども言ったが、個人からお金をもらうことに抵抗があったので、正直したくなかった。周りを貧乏だと思っているのも、もちろんそうなのだが、無駄なことを勝手にやっていて、それをみんなが勝手に見ているといった「無駄づくり」の根本があった。だからこそ、私は好きなことができて、視聴者は気負わず気楽に見られるのだと思っている。「無駄なことをやるので、応援してください」というのは何だかおかしい。

しかし、もう残された手はクラウドファンディングしかなかった。だから、手探りながらクラウドファンディングを開始するための手続きやリターンの設定などを作っていった。

まずやってみたのは、第三者目線でクラウドファンディングの説明を書くということ。くだらないことをやっている身として、お金なんて徴収できないという思いから、第三者目線で書くということをしてみた。もちろん、自分ですべて書いているのだが、あたかも誰かが藤原を応援しているというテイで書いた。書きながら虚しくはなったものの、これで手を止めずに済んだ。

また、クラウドファンディングは金額に応じて、支援してくれた人へのリターンがある。まず、1000円のリターンは、「アイディアノート」にした。私が今まで書いたアイディアや設計図のノートを見られるというもの。原価をゼロにするため、すべてスキャンしてTumblrというブログメディアにアップロードし、プライベートモード（パスワードがないと見られない状態）に設定した。これで、支援してくれた人にURLとパスワードを送るだけでリターンの送付が済む。また、デジタルにすることで、スピード感が出るのも利点だ。「あ、読みたいかも」と思った人が、すぐに購入できる。

3000円のリターンには「1人でもパピコが食べれるマウントセット」。1万5000円のリターンには「インスタ映え台無しマシーン」を設定した。

また、アイディアノートの原画も販売することにした。3500円で額装されたものが届く。「無駄づくり」は立体物で、家でどう保存すればいいか分からない。飾るにしても邪魔だ。平面のほうが手に取りやすいのかもしれない。

また、5000円には「台湾のヤバイお土産詰め合わせ」にし、結局売れなかったが20万円で「オーダーメイド『無駄づくり』」も準備した。

どうせクラウドファンディングをすることでみんなから嫌われて、フォロワーもゼロになるのだろうなと思っていたのだが、とても良い反応が返ってきて、3日目に目標金額である100万円を達成した。

なぜ、無駄なものにお金を払うのだろうか。この世は狂っているのか。目に入るコメントで多かったのは「藤原に課金できるチャンスだ」といったもの。いつのまにか、お金を払う価値のあるコンテンツになっていたのだろうか。人からお金をもらうとプレッシャーがかかる。それは他の仕事も同じだけれど、クラウドファンディングなんかは、絶対に失敗できない。

私が使用したクラウドファンディングサービスは、支援者の人に経過報告できる機能がついていたのだが、「今日はここまで準備終わりました」「徹夜で頑張りました」といった報告に対して、「お疲れ様!」や「頑張れ」と返信がきてすごく励まされた。支援者全員の名前を会場の壁にクレジットとして入れたのだが、それを書きながら涙が出るほど感動した。今まで避けていた「個人からお金をもらう」というシステムを経験し、その新しい価値に気づいたのである。

課金の壁を作る

インターネット上には、いくつものマネタイズできるサービスがある。先ほどのグッズ販売もそうだが、リスクなく何かを売ることができるのだ。

例えば、noteというサービスは記事を有料化できる。いつも書いているブログをnoteにして、月額500円で会員制にすることもできるのだ。一時期、有料メールマガジンが流行ったが、それがウェブ上で簡単にできる。

今のインターネットの流れを見ていると、「クローズドなコミュニティ」がキーワードになっていくような気がする。インターネットの世界が大きくなったことで以前よりも、ずっと社会性をもったように思える。それは、SNSが普及したからだろう。だからか、ネットに疲れている人が多いし、私も少し疲れてしまった。

クローズドなコミュニティを作る方法は簡単で、課金の壁を作るだけだ。ネット全体に水滴を一つ垂らすと限りなく波紋が広がってしまうが、課金の壁を作るだけで広がる大きさが決められる。それは、表現をする人にとってはかなり心地良いことなのだ。お金も稼げるしね。

いつもお金に困った時、「Twitterのフォロワーが4万人いるから1人1円ずつ徴収したら4万円になるなあ」と考える。全員からは無理にしても、それに近いことがインターネットでできるようになってきているのだ。技術の進歩はすごい。

私自身は、インターネットを通じて好きなクリエイターにお金を払うことが多い。イラストレーターがTwitterに何気なく上げた絵が胸に刺さって、ダイレクトメッセージで連絡して購入したり、クラウドファンディングで応援したり、好きなＤＪの音源を通販で買ったり、パソコンが壊れてしまったアーティストにカンパしたりする。

そうやって、どんどん人から人へお金が巡るようになっていくのかなあと思ったりもする。様々な表現が無料で観られるようになった今こそ、クリエイターにお金が巡る社会になっていくのだろう。

「無駄づくり」をプラットフォームにする

「無駄づくり」をYouTubeチャンネルだけではなく、プラットフォーム化したことは大きい。文章・映像・画像と表現する媒体や見せ方を変えて、手に取れる形で作品があることも展示やテレビ出演などで生かせてきている。

数年前は、ここまで広がるコンテンツになるとは思っていなかった。でも今は、もっともっと広がる気がする。すごく面白いし楽しみだ。

私がこうやって食べていけているのは、サポートしてくれている吉本興業の力が大きいと思っている。厳密に言うと、吉本興業の子会社であるよしもとクリエイティブ・エージェンシーという会社にマネジメントなどをお願いしていて、「藤原麻里菜」として名前や顔が出る仕事はすべて管理してもらっている。

ウェブでライターとして活動していて芸能事務所に入っている人は少なく、正直に言うと事務所を辞めたほうが絶対に儲かるのだが、今のところそのつもりはない。

弱みを握られて辞められないわけではなくて、所属するメリットが諸々あるからだ。大きい理由は、やはり権利を守り、管理してくれるところだろうか。仕事をする相手が悪いやつだと、納品した自分の制作物の権利を奪われたりクリエイターに不利な契約を結ばされたりしてしまうこともある。だけど、事務所にいる以上は、知識のある人が契約書を読んでくれるし、万が一何かあった場合は対処してくれる。世の中に悪い人がたくさんいる中で、自分に協力的な大きなバックアップがあると安心して仕事ができる。個人ではなかなかできない大きな仕事も、そのおかげで実現しつつある。

また、「無駄づくり」を大きくしていくのに、広い視野でコンテンツを見てくれる存在は絶対に必要だ。フリーランスで一人だったら、もしかしたらもっと余裕のある暮らしができているかもしれない。でも、ここまで「無駄づくり」を広げていけたかは分からない。台湾での個展の話を持ちかけてくれたのはよしもとだ。相変わらず急だったり、予算はなかったり、文句を言いたくなるところはたくさんある。けれど、最後まで協力して一緒に個展を作り上げてくれた。そのおかげで、成功と呼べる実績を作ることができたのだ。

この書籍もよしもとが話をくれた。「無駄づくり」と藤原麻里菜を理解してくれて、こうやって一つのものを作れている。

経験や実績のある組織に、広い視野でコンテンツを見てもらえることで、従来のウェブコンテンツからもっと飛躍したことができるのだと思う。

実は、台湾の個展では私は1円も儲けていない。むしろ、準備期間中に他の仕事ができなかったからマイナスだ。この本も何ヶ月もかけて書いているけれど、どのくらい売れるのかも分からない。しかし、「お金になるかどうか分からないこと」は、コンテンツを広げていく上で、とても大切なことだと思う。お金になるかどうか分からないことが、新しい稼ぎ方に繋がるはずなのだ。「無駄づくり」をウェブ連載やプロモーションという形でお金にすることができた後も、同じようにお金にならないようなことをお金に変えていきたい。それが、「無駄づくり」をプラットフォーム化することなのだ。

仕事をコントロールする

藤原麻里菜という名前を出していない、いわゆる見せていない仕事も多くある。

見せる仕事だけをやろうと思うのは、なかなか難しいと感じたのだ。例えば、お金に困っている時に、うさんくさい水のプロモーションの依頼がきたらどうだろうか。もちろん、うさんくさいから断るが、でも、お金にすごく困っていたらわからない……。そういった仕事を受けないためにも、見せない仕事を育てていくべきだと思う。

私は、まだ「無駄づくり」では食べていけなかった時に文章の勉強も兼ねて、フリーライターとして編集プロダクションにお世話になっていた時期がある。その時は、キャリアウーマンに取材をして真面目な記事を書いたり、共働き夫婦の家事問題について真剣に調べて記事を書いたりしていた。

原稿料を生活費にするためにも、文章のスキルを磨くためにも、この仕事は大切だった。編集者の方が文章の基本スキルをみっちり教えてくれたおかげで、今の私があるようなものだが、「無駄づくり」というふざけたことをしている人が、こんなに真面目な記事を書き始めたらおかしい。そう思い、藤原麻里菜という名は隠し、別のライター名をつけて対応していた。

今もたまに、イベントの取材に行ってニュースを速報で書く仕事をしたり、質問サイトの珍回答をまとめる記事を執筆したりしている。そういえばちょっと前に、有名人の囲み取材に参加したことがある。無記名で書く記事はなんだか楽しい。

また、友人がディレクションを担当している企業のウェブCMの制作に参加したり、知人経由で全く面識のない人の結婚式のプロフィールムービーを制作したり、映像で〝見せない〟仕事も多くしている。友人が開発したロボットのアニメーションムービーを制作したこともあった。

インターネットの知識に長けていて、「無駄づくり」というコンテンツを成長させているということもあり、企業の新規ウェブメディアの運営や立ち上げに携わったりもしている。新規ウェブメディアの運営に関しては、コンサルティング業務とコンテンツの企画制作を主にしている。今は、2つのメディアに携わっているのだが、「無駄づくり」ではできないことができて楽しい。

これらは〝見せない〟仕事ではあるが、すべて「無駄づくり」から知り合った知人や友人との仕事である。見せているからこそ、見せない仕事ができるのかもしれない。

生意気にも、私は最近人に仕事を頼むことも多くなってきた。写真撮影をカメラマンにお願いしたり、制作を手伝ってもらったり。やはりそういう時は、〝見せている〟人を信頼するし、そういう人にお願いする。

〝見せない仕事〟を育てることで、〝見せる仕事〟の比率をこちらでコントロールできる。もちろん、見せない仕事で悪いことをしているわけではない。ただ、「無駄づくり」が少しずつ大きくなってきているところで、〝見せる〟仕事をもう少し慎重に選んでいったほうがいいのかもしれないと感じている。その比率をコントロールできるように、稼ぎ方を分散させている。

大きな仕事を月に1つやるよりも、その10分の1の仕事を月に10個こなしたほうが、何かあった時にコントロールしやすい。何かあった時というのは、1つの仕事がポシャった時とか、体調が少し悪くなった時にすべてがゼロにならないように、力を分散させている。人生で起こるいろいろなことに対応できる。

見せない仕事は、端から見ると普通の仕事のように見えると思う。確かにそうだ。実は毎月数回、巨大なオフィスビルに通っている。全く〝無駄〟じゃない真面目な記事を書いている。

「無駄づくり」を始める前、私はこういう仕事なんてするものか！　と思っていた。真面目な仕事をしたくないから、「無駄づくり」を始めたとも言える。でも、現にこういう仕事をしているのは、実はこういう仕事が好きだということに気付いたからなのだ。

「無駄づくり」を通して、映像制作と執筆の楽しさが分かった。「無駄づくり」は、自分がしたい表現なので自分の納得する好きなものを作ることができる。けれど、見せない仕事は、記事のメッセージ性も映像で伝えたいところも、すべてクライアントの言う通りにしなければならない。私はこういった言いなりになる仕事も十分に楽しめる。内容は何でもよくて、映像制作と執筆の作業自体が楽しかった。それに、新しいことばかり求められる「無駄づくり」に頭が疲弊してしまう時もある。そんな時に、リフレッシュするためにはちょうど良いのだ。

それでも、この見せない仕事ばかりはできない。好きだけれど、ずっとはできない。この複雑な心をご理解いただきたい。「無駄づくり」で表現をして稼ぐことと、こういった見せない仕事で稼ぐこと。この2つがうまい具合にバランスを保つことで、私の生活が幸せになる。

仕事をコントロールすることで、本当に好きなことをして暮らすことができるのだと思う。

無駄なことを続けるために

ずっと「無駄づくり」では、食べられないと思っていたけれど、お金になることってたくさんあるのだ。そして、それらをうまく組み合わせていければ、例え無駄なことでもお金にすることができる。

「無駄づくり」を続けることで生きやすくなっている。無駄なものを作ることで何となく気持ちが救われるし、それを仕事にしたことで生活もよくなった。仕事となるとなかなか面倒にはなってしまうが、バイトをしていたあのころよりずっと楽しい。

昼前に起きてぼーっとしてから制作をしたり、嫌な仕事は断れたり、ある程度の勝手さが許されたり、平日の昼間に街をプラプラしたりもできる。

以前、とある会社でバイトをしたことがあったのだが、２週間目で急に具合が悪くなったので休みをもらい、家にいるのもなんだかなあと思って街へ出て、平日の街の風に当たったら元気になったことがあった。私は平日の街の風に当たらないと生きていけない繊細な生物なのだ。だから、すぐにバイトを辞めた。

就職をして、どこかの企業で仕事をしていたら確実にクビになるような私が、お金を稼ぎながら幸せに暮らしている。それはもう、好きとか才能とかそういうことじゃないのかもしれない。それしかできない、とも違うか。ただのわがままかもしれない。

「無駄づくり」という好きなことを続ける。そんなわがままを世間に通すために、思考しながらお金を稼ぎ続けなくてはいけない。

第5章　それぞれの稼ぎ方

私はずっとバイトをしたり借金したりしながら「無駄づくり」を続けていたのだが、徐々に「無駄づくり」をお金に変えていくことができ、今は東京で一人暮らしができるくらいは稼げている。たまに水道が止まりそうになるけれど。

よく、「何で食べていっているの？」と、言われることがある。確かに、端から見たら私なんて、どうやって食べていっているのか分からない謎に包まれた人間かもしれない。なにも私だけではなくて、他の自己表現をしている人たちもそうだ。どうやって食べていっているのか分からないベールに包まれた人ばかり。人は、それぞれ変えられない環境があって才能や性格がある。やりたいこともみんな違うから稼ぎ方も千差万別だ。

私には私の稼ぎ方があるけれど、それは私にしか適応しない気がする。こうやって本にしてみてはいるものの、誰かの役に立てる気がしない。

お金の話はあまり大声ではできないし、気軽に人に聞けなかったりもする。でも、私はすごく気になってしまう。みんながどのくらい稼いでいるのか気になる。生々しい話をしたい！

だから、尊敬しているクリエイターの方たちの仕事場のドアを土足で突き破り、どうやってお金と創作のバランスを取っているのか胸ぐらを掴んで聞き出してみようと思う。

藤原麻里菜――発明家・文筆家・映像作家

他の人の話を聞く前に、まずは私について話したい。なんだか、それが礼儀なような気がするから。

私は、月に決まった給料が発生するような形態ではなく、出来高制だ。よしもとクリエイティブ・エージェンシーにマネジメントを頼んではいるものの、ほとんどフリーランスみたいなものだ。だから、月ごとにもらえるお金にすごく差がある。先月は商社マンくらいもらっていたのに、急にバンドをやっているフリーターくらいに額が下がったりするため、精神状態が常に不安定だ。

第４章で詳しく話したが、私の仕事は、「記名」と「無記名」の2つに分けられる。

記名というのは、「藤原麻里菜」と名前が出る仕事のこと。これはすべて、事務所を通して行っていて、「無駄づくり」から派生する仕事や、プロモーション、出演、執筆業などが主な業務だ。収入の大半を占めている仕事は、ウェブメディアの連載で月に4本ほど。媒体にもよるが、だいたい「無駄づくり」に関することをする。一週間に1本はYouTubeに新作をアップしたいから、「無駄づくり」を制作するついでにウェブメディアに寄稿して、その原稿料をもらうというシステムを生み出した。ベーシックインカムだと思っている。贅沢せずに生きられる最低ラインの保証だ。と言っても、いつ連載を切られるか分からないけれど。

インターネットでいうと、プロモーションの仕事がたまに入る。ウェブメディアへの単発の寄稿。それが収入源だ。トークイベントに出演したり、呼ばれて展示をしたり、テレビに出たり……。そういった細々としたものもある。

こうして書き出してみると、なぜ食べていけているのか分からなくなる。私は本当に食べていけているのだろうか。

無記名の仕事に関しては、何でもやるスタイルを貫き通している。私の今までの経験や持っているスキルでビジネスになるのは、インターネットに強いことと映像制作ができることだ。

新規メディアの立ち上げに関わったり、ソーシャルメディアに掲載する映像を制作したり、「無駄づくり」で培ったことをお金にしている。これらの仕事は「無駄づくり」の仕事で出会った人に直接頼まれることが多い。大きなプロジェクトに携わると、毎月の定例会議に出席するだけでお金がもらえたりする。それも私は、ベーシックインカムだと思っている。

無記名の仕事を受けることで、記名の案件で嫌な仕事を受けなくてもよくなる。丁寧に育ててきた「無駄づくり」というコンテンツの中では、自分自身が納得できることをやっていきたいのである。成長できるような、面白い仕事をしていきたいけれど、お金に困るとそういったプライドのようなものがすぐに無くなってしまうような気がする。

実際に、お金が全くなくて困っていた時に、「有料メールマガジンのインタビューを受けてください！ギャラは2000円です」と知らない人からメールで連絡があり、2000円をもらえることが嬉しく、指定された横浜駅近くのマクドナルドに行ったことがある。

チェ・ゲバラのTシャツを着た男性から、マックフルーリーを飲みながら「無駄づくり」の活動を取材され、なぜか、最終的にパソコンのインカメラでツーショット写真を撮影された。この取材がどうなったのか全く分からないのだが、茶封筒に入れて渡された2000円はなんだか使いづらかった。あの人は元気だろうか。

こういった、お金がないことが原因で受けてしまった仕事は、後から微妙な気持ちになる。プロモーションなども、クライアントが私のフォロワー数だけを見て仕事を振ってくることも多い。相談された内容を見て、わたしのフォロワー目当てだったのね！と、すごく悲しい気持ちになる。心の中の自分がバスタオル一枚で体を隠し、ベッドの上で泣いている。

商品の紹介や、キャンペーンのリンクシェアを頼まれるのだが、そんなことはやりたくない。リンクをシェアしたら数万円もらえる仕事なんて……いや、本当はやりたい。めちゃくちゃ良い仕事だ。毎日やりたいくらいだ。しかし、非クリエイティブな作業を記名で堂々とすることは、恥ずかしいしなんだかできない。

プロモーションであれば、「無駄づくり」と絡めたり、コラムを書いたりしてお金をもらいたい。それに、そんなことばかりしていたら信頼を失ってしまうような気がする。

最近、知人が「なんか……ハリウッド女優？　多分ハリウッド。いや、アメリカのセレブみたいな。とにかくそういう雰囲気の人がどこかで言ってたんだけど、『私のキャリアは断った仕事で作られている』みたいな感じのこと。たぶん。うろ覚えだけど」と教えてくれた。仕事を断ることで、何かが形成されていくのかもしれない。

私のキャリアはまだまだなので、仕事の単価も低い。書いても書いても、作っても作っても、生活は一向に豊かにならない。「無駄づくり」というコンテンツを守り、成長させながら、お金を稼いで生活していくために日々方法を考えている。

菊池良さん――会社員・ライター

『もし文豪たちが カップ焼きそばの作り方を書いたら』(宝島社)、通称「もしそば」。大ヒットしたのでご存知の方も多いかと思う。神田桂一さんと共著のこの本は、菊池良さんがつぶやいた、とあるツイートが発端だ。「もしも村上春樹がカップ焼きそばの容器にある『作り方』を書いたら。」という一文と共に、そのテキストが書かれた画像が添付されていた。作り方の最後は「完璧な湯切りは存在しない。完璧な絶望が存在しないようにね」と締められている。春樹だ。

このツイートは、瞬く間に拡散されていき、それに合わせて菊池さんは新しいツイートを発表していった。そして、気がつくとTwitter上で文体模写がブームになっており、いつのまにか本になっていて、そしたらその本が大ヒットして、ふらっと入った本屋に特設棚が設置されていた。この様子を私はリアルタイムで見ていたのだが、あまりの展開の早さに途中からよく分からなくなってしまった。一つのツイートが大ヒット書籍を生むなんて、すごい時代だなと思ったし、ここまで大きくした菊池さんもすごい。

「いや、別に書籍化を狙っていた訳ではないんですよ。ただ、神田さんに書籍化しようよと言われたから、『いいっすね』って言っただけなんです」と、飄々としながら語る菊池さん。「自分一人じゃ、あそこまでできないですよ」。

菊池さんは大手企業の会社員でもある。というか、それがメインのお仕事だ。書籍がヒットしたから辞めて晴れて独立ですよね、と思っていたが、そうでもないみたいだ。アフターファイブ最高、安定した給与最高、というのが菊池さんの考えで、お金を稼ぐというモチベーションで創作をしていないと話してくれた。

「いやー。才能ないと思っているんで。僕に才能があるとしたら……こんなこと言ったら怒られてしまいそうですが、『人をばかにする才能』ですかね。でも、こんな才能はお金にならないし、したらダメというか……。だから、会社にいるんです」。

人をばかにする才能。妙にしっくりきてしまう。

今や、大人気作家である菊池さんだが、4年前は〝世界一即戦力な男〟であった。就職活動が面倒になった大学生の菊池さんは、「世界一即戦力な男・菊池良から新卒採用担当のキミへ」という社会を舐めたようなウェブページを制作した。「6年ほど引きこもり活動に従事」と経歴欄に書いてあったり、急にポエムコーナーが現れたりと、人をばかにする才能を十分すぎるほど発揮していた。これもリアルタイムで見ていたのだが、面白い人がいるなと思っていた。このウェブサイトも瞬く間に拡散され、ドラマ化もされていて、菊池さんの役は柄本時生さんが演じていた。そして、そのページを見た会社から内定をもらい、社会人としてのキャリアをスタートさせたのだった。どんな人生を歩んでいるのだ。私は就職をしたことがないので分からないが、こんなに簡単なものなのだろうか。

安定した給与をもらっているからこそできることもあるようで、例えば「赤字を作る」がそのひとつだ。ウェブで活動するクリエイターの多くは、赤字をなるべく作らないように創作をしている。しかし、会社員のクリエイターは給料という収入源があるのだから、その収入をつぎ込むことができる。回収できるか、お金になるかどうかを考えず、好きなものを制作できるし差別化にもなる。それが、会社員の強みでもあると言う。学生時代の話だが、「世界一即戦力な男」のウェブページの制作には10万円ほど使ったそうだ。

数年前に菊池さんと会った時、しきりに「将来的にはいつか万葉集を作りたい」と言っていたのを思い出した。当時は、ちょっと意味がわからなかったので聞こえないフリをしていたのだが、改めて聞いてみることにした。

「万葉集は、すごく長い年月をかけて完成されていて、当時は一切マネタイズできていないけど、今は教科書に載るまでになっている。僕は、将来的にそういうことをやっていきたいんですよ」。

——なるほど。構想はあるんですか？

「一切ないです」。

すごいところに挑戦しようとしている。今後も会社員を続けるつもりなのか聞くと、「それが、辞めるんですよ」とのこと。なんでも、軽い気持ちで「芥川賞をぜんぶ読む」という企画を連載でやったところ、書籍化が決まってしまい、短期間で芥川賞受賞作をすべて読まなくてはいけなくなってしまったそうだ。計算したところ2日に1冊読んで書かなきゃ間に合わない。会社に行っている場合じゃなくなってしまった。私には会社員経験がないので分からないのだが、そんな会社の辞め方ってありなのでしょうか。

しかし、フリーランスになると、それまでと違って自己表現をお金に変え続けなくてはならない。

「まあ、なんとかなるんじゃないですかね」と菊池さんは言う。「食えなくなったら、また就職すればいいかなって。表現することは続けますが、それで食べていこうとはあまり思わないんです」。

私は、菊池良さんの参加している『二代目水嶋ヒロ短篇集』という自費出版の本が好きだ。自らを二代目水嶋ヒロと名乗り、詩を寄稿している。面白いけれど絶対にお金にならない。そして、本人たちもお金にしようという気がなさそうだ。

「ものを作って見せる」。そのことだけを考えて菊池さんは自己表現をしている。表現の目的はお金ではない。じゃあ何なのか、と言ったら分からないけれど。

前田司郎さん――作家・五反田団主宰

「実家じゃなかったら、ここまで来れてないかも、って思いますね」。

そう語るのは、作家の前田司郎さん。前田さんは、学生の時に「五反田団」という劇団を立ち上げ、それ以来第一線で活躍されている。2008年に発表した『生きてるものはいないのか』で岸田國士戯曲賞を受賞、NHK BSプレミアムでテレビドラマ『徒歩7分』の脚本を手がけ向田邦子賞を受賞、小説『夏の水の半魚人』で三島由紀夫賞を受賞……と、様々な分野で評価を受けている。私は、『生きてるものはいないのか』を拝見した時、「こんなストーリーが、この世に存在していいのだろうか」と感動したのを覚えている。大学のキャンパス内でどんどん人が死んでいく、死の原因は最終的に明らかにされることはなく、ただ、次々に、人が死んでいくのだ。

すばらしいお話を世に発表してくれている前田さんだけれど、そもそも劇団とか芝居とかって食べていけるものなのだろうか。人がどんどん死んでいくお芝居をやっていて、お金が稼げるものなのだろうか。「五反田団」と劇団名にもあるが、前田さんは東京都品川区の五反田出身だ。東京の真ん中で生まれて育ち、ずっと実家に住んでいる。だから家賃はタダだし、24、5歳くらいまでお小遣いをもらっていたらしい。ちょっと、実家暮らしの男って、と思ってしまうが、私も私でお金がなくなると横浜の実家に戻るし、今でもおばあちゃんが毎月1、2万円くれる。実家暮らしって最高ですよね。東京で生活するためにバイトをしている人たちを見ると、ちょっと後ろめたいような気持ちもあるけれど。

私も前田さんも、お金に関するハングリー精神めいたものが、あまりないのかもしれない。田舎から出てきて、バイトをしながら夢を追う若者像から離れているような気もする。でも、前田さんはこの恵まれた環境を最大限に使って、表現をお金に変えていく。「みんながバイトをしている間、おれはずっと芝居のこと考えられるんですよ」。

大学生の時に芝居を始めたが、最初はもちろんお金にならなかった。劇場が平日だと1

日6万円で借りられる。平日に3日間借りたら、合計18万円。バイトをして14万円稼ぎ、残りの4万円はチケット収入でまかなうシステムを取っていた。舞台の小道具などにお金はかけなかった。チラシも手書きで、実家が経営する会社のコピー機で刷っていた。黒字にはならず、トントンか少し赤字になるくらい。

「頭に浮かんだものを最初から作ろうとしたら、100億くらい平気でかけられちゃいますよね。でも、やりたいことを削って削って、自分が払える範囲にまでするんです。そうじゃないと、続けられなくなっちゃう」。そう話してくれた。

「お金になってきたのは、文芸誌で小説を書き始めた時。1ページ3500円で200ページほど書くから、だいたい70万円くらいになる」。小説って1ページいくらとかで書くものなのか……。

——もっと身を削って書かれているのかと思いました。

「いやー。おれは、身を削らないタイプだから。でも3ヶ月かけて70万円しかもらえないから、あまりよくないですよね。本になったとしても、3000部とかだし……。最初のころは初版で5000部とかだったんだけど。最近、『こいつの本出しても売れねえな』ってバレました」。

そこから、脚本の仕事を始めた。小説より短期間で書くことができて、お金になる仕事だ。演劇を始めたころより、ずっと食べられるようになった。むしろ、他の同世代より稼げている。

『まんが道』（中公文庫）って漫画知ってます？」

──あ、なんか聞いたことあります。藤子不二雄先生の自伝的漫画ですよね？

「そう。それで、手塚治虫が藤子不二雄に『若いうちは仕事を断るな』って言って、藤子不二雄がすげえ仕事するっていう話があって。それ見て、『よっしゃ、おれもやるぞ』と思って、来た仕事をほとんど受けてた時期があったんですよ。少しイヤな仕事も、後悔しながらやってました。そうしたら、『ここは譲れない』といった自分自身でも分からない漠然としたことが言葉にできてくるんです」。

テレビドラマや映画に小説……。数々の作品を生み出し、公演する劇場も大きくなっていく。しかし、ある時前田さんは、大きい劇場で芝居を打つことを控えるようになった。

「今までやってきたことって稼げるんだけど、それってバイトと一緒だなって思ったんです。すげえやりたいことと稼げることだ一緒だったらいいんだけどね。大きな劇場でイケメンと美女と芝居をやるのも楽しいけど、やっぱり、バイトしながら芝居している友達みたいな俳優と作品を作っていきたいなって。収入が半分に減っても食べていけるから、時間をかけて作品を作っていきたいと思ったんです」。

そうして、実家で経営していた会社のビルを前田さんが引き継ぎ、劇場にリフォームした。消防法の関係で月に4日しか上演できないというルールはあるものの、新作をその劇場で上演している。ただ、仕事を減らして作品を作っているわけではなく、これをお金にしていくのだ。

2018年5月〜6月に行った『うん、さようなら』は、8日間16ステージで、1500人ほど動員があった。チケット代は3500円。私は2桁以上の計算ができないので、売り上げは各自で計算してほしい。お金は極力かけないようにする。衣装や照明も前田さん自身が行う。その分、俳優たちに多くギャラを払えるのだ。前田さんのギャラは150万円ほどになるという。大きな劇場でやっていた時は200万円ほどだったので、少し低くなってしまうが、ものすごく大きな差というわけではない。

好きなことを仕事にできても、ふと気がつくと好きじゃないことをやっている時がある。私の場合は、プロモーションの仕事をした際、作ったものに対してクライアントから修正を依頼され、それに従っていったら全く無駄じゃないものが出来上がったことがあった。仕事として作品を作っていると、どこまで自分を貫けばいいのか分からなくなってしまう。
「嫌われちゃうかもしれないけれど、『そういうの、自分にはできないんで』って我を通したほうがいいですよ。ちょっと天才っぽく見えるから、勘違いして『コイツすげえんじゃねえか』って思ってくれる人もいるし……。まあ、嫌われても大丈夫ですよ。実家暮らしなんだから」。

八谷和彦さん――メディアアーティスト

私の中でどうやって稼いでいるか分からない職業ランキングの1位が『アーティスト』だ。アートという価値が揺らぎやすいものを商売にするのは、すごく大変に違いない。八谷和彦さんは、メディアアーティストだ。メディアアートというのは、新しい技術やメディアを使用する美術である。『プロジェクションマッピング』などが分かりやすい例かもしれない。

八谷さんは、大学卒業後に就職。CI（コーポレートアイデンティティ）のコンサルティング業務をしていた。会社員として生活を続けながら、作品の制作と発表は続けていた。また、コンペにも積極的に応募し、助成金などで制作費をまかなっていた。会社員とアーティスト。二足のわらじを履いていたが、大きいコンペに受かったことをきっかけに、会社を辞めフリーランスになった。しかし、アートだけで食べていけるわけではない。助成金を生活費には回せないので、会社員時代の貯金と失業保険で生活を成り立たせていた。

「メディアアートって、買いづらいんですよね。部屋に飾れるサイズの絵画やドローイングとかは売りやすいけれど、大きい機械とかやっぱり買おうと思えないですし。それに、使用している機材が高いから自ずと値段も高くなってしまうんですよ」。

アーティストの人は、自分の作品をすげえ高く売って稼いでいるといった低レベルな知識でいたのだが、確かにメディアアートは買いづらい。最近では、作品を美術館に買い取ってもらうことが多いそうだが、ギャラリーで販売するのは難しいそうだ。

フリーランス期間を1年ほど経て、メールクライアント『ポストペット』を開発した。懐かしい……。そう思った方も多いと思う、私もそうだ。ポストペットとは、モモという名前のピンクのクマがメールを運ぶソフトウェア。人と人のコミュニケーションに、不思議なキャラクターたちが介入することで、新たなコミュニケーションが生まれるのである。

作品として発表して終わりではない。八谷さんは、それを商品にして販売するまで広げようとした。企業に売り込み、開発を進める。99年に発売されたポストペット2001は85万本も売り上げた。その他、発売されているパソコンにバンドル（付属）されたりして、累計ユーザーは合計1500万人以上になるという。大流行だ。ちなみに、私はメールを送る相手がいなくて、ずっと、モモを風呂に浸からせていた記憶がある。だから、モモを見るとちょっと悲しい気持ちになる。


「会社で商品開発をしていたのでそのスキルと、制作と表現をずっとやっていたスキル。この2つがあったから、ポストペットを生み出せたのだと思います」。

全国で上位100位に入るスキルを2、3個持っていれば、自ずと自分がトッププランナーになれる。

「藤原さんで言うと、電子工作は……うん、上位100位に入らないかもしれないけれど、面白い電子工作となったら、上位100位に入れると思います。かつ、文章と映像でも、面白い表現ができる。これだけで、藤原さんがトップになるジャンルが確立されているし、そこで食べていけますよね」。

――ほんとうですか。でも、フォロワーが出てきてしまったら、あっという間に抜かされてしまいそうで……。

『無駄づくり』をパッケージにするには、何人か同じようなことをしている人がいないとダメですよね。YouTuberも一人だけしかやっていなかったら、あそこまで人気にならなかったでしょうし。だから、逆にいいんじゃないかなと思います。抜かされないように頑張るしかない」。


ポストペットの開発チームで会社を作った。会社としてポストペットの展開を続けながら、個人でのプロジェクトも続けている。その時に作っていたのは、「エアボード」。映画『バック・トゥ・ザ・フューチャー』に出てくるホバーボードを実際に作るプロジェクトだ。あの、宙に浮くスケボーだ。

エアボードが実際に動いている映像が残っている。人の大きさくらいある分厚いボードが、すさまじいエンジン音と大量の煙を噴射しながら少しだけ宙に浮く。氷の上を滑るみたいにスルスルと移動している。お客さんを乗せているが、乗っている人たちはみんな立ち上がれずにしがみついていた。そして観客の歓声。

会社を経営しながら、こんなにもデカく、そして、複雑なものを作っていたなんて信じられない。しかも、制作費はすべてポケットマネーだそう。ポケットマネーでホバーボードを作る人がいるなんて信じられない。

「当時は社長だったし、けっこうお金もらっていたんですよね」。

キャバクラでドンペリを入れるよりも、ジェットエンジンを買うなんて。

また、『オープンスカイプロジェクト』も始めた。これは、映画『風の谷のナウシカ』に登場する〝メーヴェ〟という飛行機を実際に作ろうというもの。飛行機を作る……？八谷さんは、別に飛行機の専門家ではない。最初は、ゴムで機体を引っ張り反動で飛ばすというものだった。アナログすぎる。エンジンを搭載して飛行するまで研究を重ねた。

これは、会社の事業の一つとしてやっているが、特に売り上げが出るわけではない。ポストペットなどで黒字が出た分、このプロジェクトにお金を使うことができたそうだ。ここまで大きなプロジェクトであれば、スポンサーをつけたほうがいいのではないだろうか。

「スポンサーとかつけてしまうと、期日までに飛べなかったりしたら『失敗』扱いになってしまうんですよね。色々と制約も出てしまうので、それは避けています」。

現在2機目となるメーヴェは、ジェットエンジンを搭載し飛行実験にも成功している。

「クライアントワークしかやらないのって、実は危険なんですよ。広告の仕事しかやらないって思われちゃうし。もっと、くだらないことをしたいですよね。だから、こういった『無駄づくり』をやっていったほうがいいんです」。


会社の経営とアーティストを両立していた八谷さんだが、現在は東京藝術大学先端芸術表現科の准教授を務めている。大学のほうが忙しくなってきたこともあり、会社での業務を少しずつ減らしているそうだ。

「僕は寝るのが好きで……。いや、睡眠ってすごく大事じゃないですか。このまま3つやっていると、睡眠時間を削らないといけなくなってしまうので。アーティストを辞めることはないので、会社の業務を減らすことにしました」。


メディアアートからポストペット。これは、決して突飛なことではないと八谷さんは話す。

「心のメンターというのが、表現活動をする上で大事かなあと思っているんですよ。そう呼べる人が僕の場合、岩井俊雄さんと石原恒和さんでした」。

二人ともメディアアートやコンピューターアートの世界で活躍しており、岩井さんはフジテレビの『ウゴウゴルーガ』を制作し、石原さんはテレビアニメ『ポケットモンスター』のゲームソフトを開発し、現在は株式会社ポケモンの代表取締役社長を務めている方だ。アートから発展し、大勢の人に楽しんでもらえる形に落とし込めるのは、メディアアートの一つのマネタイズの仕方だ。

商業になるものと、「無駄づくり」。その2つのバランスをとって表現を続けていく。

野村由芽さん――株式会社CINRAエディター・She is 編集長

私は、働くことが苦手だ。また、組織の中で組織のために動くこともできない。つまり、会社が苦手だ。株式会社CINRAのエディターである野村由芽さんは、2017年に『She is（シーイズ）』というウェブメディアを立ち上げた。株式会社CINRAは、カルチャー系のウェブメディア『CINRA.NET』を運営しており、ウェブ、映像、イベント、コンテンツ制作と様々な事業を行っているイカした会社だ。オフィスに観葉植物がいっぱいある。

野村さんが編集長を務めるShe isは、〝自分らしく生きる女性を祝福するライフ&カルチャーコミュニティ〟である。『自分らしく生きよう』だとか『女性の幸せを〜』みたいなものを素直に受け取れない捻くれた私だってShe isはゆるく包み込んでくれる。そんなウェブメディアであり、場所だ。

She isは、野村さんと同僚である竹中万季さんの2人で発案した。

「20代が終わる時に『このままでいいのかな』と、漠然と思いました。社会の仕組みを理解してきて、それに巻き込まれてしまいそうで。少し前は、選択肢がたくさんあった世界だったのに、だんだん我慢を覚えてしまったような。仕組みやシステムからはこぼれてしまう、自分の感情を出す場所が必要だと思ったんです」。

アイディアだけで終わることはなく、それを働いている会社にプレゼンし、社内のプロジェクトとして立ち上げた。「会社で好きなことをする」。そんな夢のようなことができるなんて。

2016年にShe isのコンセプトをふわりと考えた2人は、毎月1回、多忙な中集まって企画を進める。

「この場所は私にとって必要だから、2人以外にも必要な人はいるはず。そう思って、奮い立たせました」。

集まりの最後には、来月のミーティングの約束をし、その日までにしておく宿題をお互いに出した。

獲得ユーザーを予想する。マネタイズ方法をBtoB（企業と企業のやりとり）ではなく、BtoC（企業と消費者のやりとり）で考える。会社を納得させるために資料を作り、ロジカルに詰める。

「何事も人を納得させるには、『情緒』と『ロジック』が大切だと思っています。やる気だけでは人は動かないし、理詰めでこられても心が動かない。She isを会社のプロジェクトとして進めるために、自分の感情と納得させる論理を織り交ぜて、資料を作りました」。

1年を経て、社長とCINRA.NETの編集長に提案に行った。好感触だった。フィードバックをもらい、また資料を作り直した。OKがでて、野村さんはShe isの編集長となった。

なぜ、個人ではなく会社という規模でやろうとしたのだろうか。

「個人でやるとなると、どうしても上限ができてしまいますよね。お金とか人とか。会社としてのノウハウを活かせるとなると、クオリティはもちろん高くなります。もちろん回収しなければいけませんが、初期投資をしてもらえることもある。でも、もし会社から断られていたら、規模が小さくなったとしても個人でやっていたと思います」。

でも……でも、でも、でも、自分が作り出した場所が、結果として会社のものになってしまうことには思うところはないのだろうか。She isを始める前を振り返る。

「全く記憶がないのですが、竹中が言うには、退職して独立をしようとしていたみたいなんですよね、私。本当に記憶がないので、辛い記憶は消える仕組みになっているのかもしれません。その時は、会社にいる意味が分からなくなってしまったんです。今思い返すとおこがましくて恥ずかしいのですが、もう、ある程度は学べたような気がしてしまったのかもしれません。だったら、フリーランスになって新しいことに挑戦したほうが良いのかなあって」。

そんな中で、She isのプロジェクトを進めた。現状を打破するためだったのかもしれない。

「She isを始めてから、なんだか自由になった」と話す野村さん。編集業務から企画やメディアの方向性まで、様々な業務をこなしている。自分たちが一番このメディアをよく分かっている。会社から指示されていたことだけをしていた時とは別の景色が見えた。

「私は、自由になりたかったんだなって思いました。働くことで求めていたものが、自由だったのかもしれません。自分に決定権がある、時間の使い方を決められる、会いたい人に会える、書きたいものが書ける。そこに私は自由を感じることができたのです。プレッシャーは大きくなりましたが、会社にいながらにしてそれを獲得できたことが大きいですね」。

野村さんは、俳句が趣味だそうだ。渋い。俳人に取材をしてコンテンツを作ってみる。交友関係からライターを探す。インプットしたものをShe isに還元していく。

以前は大手広告代理店グループの制作会社に勤めていた。生活のことを人に話すことが好きだったのに、大半の時間を使っている仕事のことを話したいと思えなかった。仕事に誇りが持てなかったそうだ。でも、今は違う。

仕事を継続させるために、働いたお金で自分自身のご機嫌を取る。健康にも気をつける。自身をケアする。本を買ったり何かを見に行ったりすることにも使う。生活と仕事。その境目が少しずつ溶けて行き、循環している。でも、それが楽しい。野村さんはそう話す。

She isはゆるやかな場所だ。頑張っているけれど生きづらい女たちが、ゆるやかに集まって、繋がる場所。私は、ここで「ギャルになりたい」という記事を書いた。私はギャルにずっと憧れていたのに、ギャルになれなかった。そんな思いをつらつらと書き、寄稿したのだが、共感してくれた人がすごく多かった。答えが出ない問題をたくさん考えてしまう私たち。答えが出ないよね、ということを共有する場が必要だったのかもしれない。野村さんが必要としていたその場所は、私にとってもそうだった。会社で好きなことをする。一つの理想的な形かもしれない。

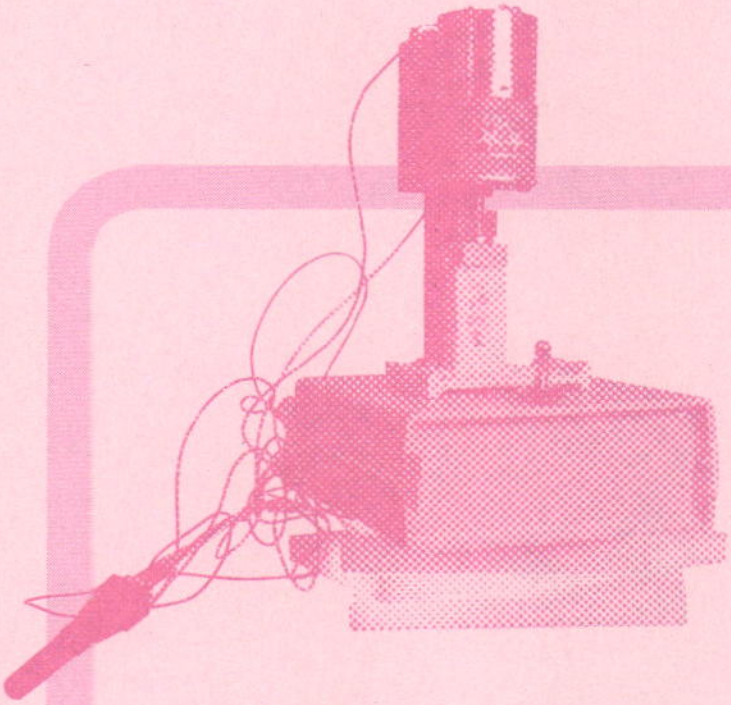

無駄発明品リスト

MUDA LIST

無駄発明品リスト

□ 001 お醤油を取る無駄装置

□ 002 冷却ジェルシートを貼る為の無駄装置

□ 003 乳首を永遠に気持ちよくさせる装置

□ 004 乳首が気持ちよくなるピタゴラスイッチ

□ 005 全ての者が裸に見えてしまうメガネ

□ 006 簡単に友達を作る方法

□ 007 夏フェスで浮かないための無駄装置

□ 008 ビールを美味しく飲むための無駄装置

□ 009 キス練習装置

□ 010 自動であ〜れ〜ができる無駄装置

□ 011 ウザい話を変えることのできる装置

□ 012 人に優しく出来るTシャツ

□ 013 感情表現が簡単にできる装置

□ 014 電動掃除機を超える自動掃除機

□ 015 自分にサプライズできる装置

□ 016 自動販売機コスプレ

□ 017 コーディネイトをしてくれる無駄装置

□ 018 即倍返しできる装置

□ 019 壁ドンしてくれる無駄装置

□ 020 飲み会でこっそりソフトドリンクを頼める無駄装置

MUDA LIST

□ 021 エロ本を素早く隠せる装置
□ 022 寝起きドッキリを練習できる無駄装置
□ 023 寝れないときの無駄装置
□ 024 かっこよく帽子を被れる無駄装置
□ 025 テンションの高い人を撃退する装置
□ 026 ツッコミ練習無駄装置
□ 027 やる気を示せるメガネ
□ 028 目から下をかわいくする無駄装置
□ 029 リモコンがどっかにいかない部屋着
□ 030 鼻からくる風邪の人のための無駄装置
□ 031 土下座しても悔しくならない無駄装置
□ 032 絡みづらい人を撃退するマシーン

□ 033 人前であがらないマシーン
□ 034 パンチラが常に見れるおもちゃ
□ 035 みかんジュースが出る蛇口
□ 036 メッセージ性が強くなるホワイトボード
□ 037 エロ本を堂々と読めるマシーン
□ 038 レコード時計
□ 039 布団から出ずに移動できるベッド
□ 040 忙しい人のためのフォーク
□ 041 10分で彼氏を作ってみた
□ 042 グラマラスなキャラになれるセクシーバッジ

お醤油を取る無駄装置

歩くたびにおっぱいが大きくなるマシーン

□ 043 ラジコン書道
□ 044 ゲームカセットをフーフーする機械
□ 045 プロレスラーのタバスコケース
□ 046 恐怖のハリウッド俳優 パンツ
□ 047 ゾンビギター
□ 048 ラッパー時計ポシェット
□ 049 某有名肌着を超える肌着
□ 050 手品を自動化
□ 051 あの小さなキャラクターの服

□ 052 ネッシーパンツ
□ 053 あの居酒屋のトイレに貼ってあるポスター
□ 054 ボイパ装置
□ 055 吸引力の強いあの扇風機
□ 056 効率よく炭酸飲料を飲む装置
□ 057 100均の人形をゾンビにしてみた
□ 058 無駄バニアファミリー
□ 059 お金を探知する靴
□ 060 一人でもコックリさんが出来る装置
□ 061 自分の顔キン消し
□ 062 某有名細胞は無味です！
□ 063 一人専用クラブ

MUDA LIST ×

□ 064 ミュージシャンを父の顔にする
□ 065 感情のないロボット作ってみた
□ 066 スナック菓子を高速回転させるマシーン
□ 067 ヤジが飛ばせるマシーン
□ 068 手ぶら歯磨き装置
□ 069 頭ポンポン練習装置
□ 070 頭から血を流せるデバイス
□ 071 女を落とす部屋
□ 072 トイレ自動開閉センサー
□ 073 アダルトぴよぴよサンダル
□ 074 家にウォータースライダー
□ 075 パンを咥えて走れる装置

□ 076 一人飲みが楽しくなる装置
□ 077 ボードゲームの車を巨大化してリア充
□ 078 罰ゲーム緩和装置
□ 079 パンチラ警報機
□ 080 モテなくても女の子と
2人乗りできる自転車
□ 081 音楽番組の楽屋
□ 082 セルフ催眠術
□ 083 嘘泣きデバイス
□ 084 歩くたびにおっぱいが
大きくなるマシーン
□ 085 自作ゲーム機を女の子にあげてみたら…

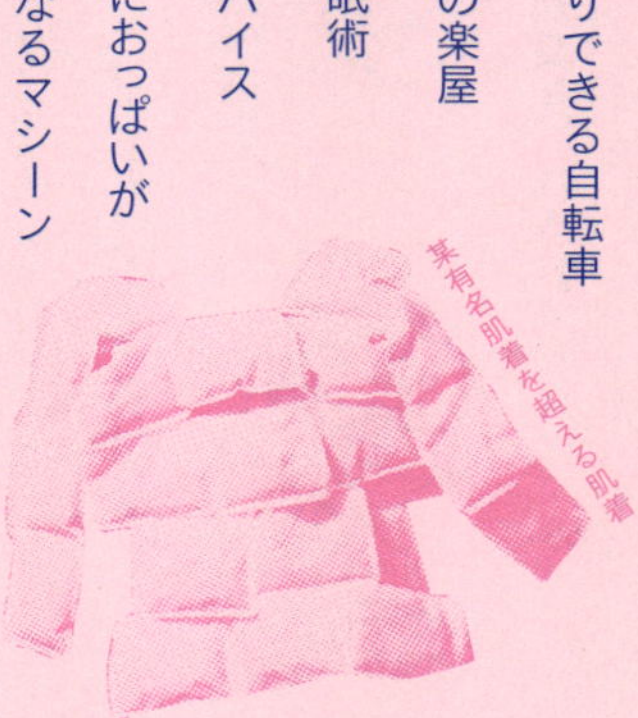

□ 086 巨乳マシーン改
□ 087 壊れるパソコン
□ 088 帰宅したらお迎えに来てくれる犬
□ 089 家族でいる気分になるクリスマスツリー
□ 090 入ったまま出歩けるこたつ
□ 091 CR自分パチンコ
□ 092 一人でも二人羽織ができるマシーン
□ 093 海外セレブのドレス
□ 094 ポールダンスしたいから
突っ張り棒買ってきた
□ 095 全身お掃除シート女
□ 096 粘着豆まき服
□ 097 1000円自販機
□ 098 日本人向けガラスの口広瓶
□ 099 手を使わずにポテチを食べるデバイス
□ 100 帰って4秒で就寝
□ 101 鎖帷子リング
□ 102 友達いなくても
楽しい写真を撮れる自撮り棒
□ 103 一人パイ投げデバイス
□ 104 1人なのに喧嘩しているように
見えるマシーン
□ 105 ボケたらコケてくれるマシーン
□ 106 ウミガメ産卵マシーン

MUDA LIST ×

- □ 107 グリーンカーテン服
- □ 108 全力で応援してくれる女の子
- □ 109 マッハ・一人パイ投げデバイス
- □ 110 全自動「あーん」マシーン
- □ 111 クリスマスに隣にいてくれるロボ
- □ 112 パンスト相撲できるマシーン
- □ 113 モテる仕草を永遠にするマシーン
- □ 114 豆まきピストル
- □ 115 10回腹筋すると1個マシュマロが出てくるデバイス
- □ 116 壁ドンマシーン
- □ 117 谷間製造機

- □ 118 自分の顔チョコ
- □ 119 手を汚さずにポテチを食べられるデバイス
- □ 120 一人チュープリ
- □ 121 一人カップルストロー
- □ 122 人間電動掃除機
- □ 123 顎クイマシーン
- □ 124 覗きマシーン
- □ 125 イヤホンを片耳ずつやれるロボ
- □ 126 熱烈キスマシーン
- □ 127 お味噌汁飲ませてくれるロボ
- □ 128 メイクアップマシーン
- □ 129 一人カラオケマシーン

□ 130　全自動目隠しマシーン
□ 131　肩ぽんぽんマシーン
□ 132　殺戮マシーン
□ 133　ミニ四駆回転寿司
□ 134　1人でも2人分のアイスが食べれるマウント
□ 135　らくらくハイタッチくん
□ 136　イケメンからナンパされるマシーン
□ 137　テレビゲームチートマシーン
□ 138　彼氏がいなくてもイチャつけるマシーン
□ 139　全自動うちわ
□ 140　彼氏にキスで起こされるマシーン

1人でも2人分のアイスが食べれるマウント

□ 141　頭ぽんぽんマシーン
□ 142　ストーカー撃退マシーン
□ 143　さわると電流が流れるパンツ
□ 144　ヒモ貯金箱
□ 145　ホラーキャンドル
□ 146　ラブレターが大量にもらえる下駄箱
□ 147　婚約デバイス
□ 148　一人でもキス寸前ゲームができるマシーン
□ 149　憧れのプロポーズをしてくれるマシーン
□ 150　一瞬でおっぱいが大きくなるマシーン
□ 151　ペット禁止の賃貸でも飼える犬ロボット
□ 152　家に帰ると彼氏が

MUDA LIST ×

迎えにきてくれるマシーン

□ 153 合コンで一人勝ちできるデバイス

□ 154 一人映画のワンシーンマシーン

□ 155 イケメンがクソリプを読み上げる

□ 156 「www」を打っているときの表情が相手に送信される

□ 157 Twitterでバーベキューと呟かれると藁人形に五寸釘が打ち付けられる

□ 158 会社を休む理由を生成するマシーン

□ 159 ぶつかる確率が上がるパン

□ 160 写メの顔のままでいられるマシーン

□ 161 お金を効率的に拾えるマシーン

□ 162 ふんわり謝ってくれるTシャツ

□ 163 魔法陣デバイス

□ 164 LINEの通知がきたらお祝いしてくれるデバイス

□ 165 スマートにミント味のタブレットを出すマシーン

□ 166 インスタ映え台無しマシーン

□ 167 悲しい顔になるセルカ棒

□ 168 コーヒーショップメッセージ

□ 169 札束で頬をなでられるマシーン

□ 170 カッパ捕獲マシーン

□ 171 恋のおまじないをチートするマシーン

コーヒーショップメッセージ

□ 172 効率よく二度寝ができるデバイス
□ 173 大人用やりたい放題
□ 174 怒ると勝手にひっくり返るちゃぶ台
□ 175 自分の代わりに謝ってくれるマシーン
□ 176 超能力が使えるマシーン
□ 177 噂をされるとくしゃみがでる
IoTデバイス
□ 178 ギャルゲー選択肢デバイス
□ 179 クラッカーでお祝いしてくれるデバイス
□ 180 友達からそれとなくお金を
せびれるマシーン
□ 181 酔っ払ったら開かないスマホケース

□ 182 手と手が触れ合うマシーン
□ 183 警戒する犬
□ 184 YouTubeを見られる水晶
□ 185 将棋で負けを認めないマシーン
□ 186 お世辞を言う鏡
□ 187 自撮りの魅力を半減させるマシーン
□ 188 恋愛禁止マシーン
□ 189 ドキドキしないとLINEが
送れないマシーン
□ 190 焼き鳥を串からスムーズに外せるけれど、
職人の苦労が表示されるデバイス
□ 191 寝かしつけマシーン

MUDA LIST

□ 192 ARダサい服
□ 193 クールにクーポンを出すマシーン
□ 194 飲み会マナー強制マシーン
□ 195 都会用やまびこマシーン
□ 196 寝ポテチマシーン
□ 197 マッハお茶汲みマシーン
□ 198 醤油をわたせるマシーン
□ 199 札を出すマシーン
□ 200 予定空いてる?って聞けるメガネ
□ 201 クラッカーの音を消す
□ 202 手イボ（ロボット犬の手バージョン）
□ 203 自分でロボット掃除機を作ってみた

□ 204 人間が飛行できる竹とんぼ
□ 205 無VR
□ 206 嫌な気持ちになるコップ
□ 207 とうぶんボタン
□ 208 クリームを拭ってくれるマシーン
□ 209 寝ている間に賢いツイートをするマシーン
□ 210 イヤホンを絡まらせるマシーン

都会用やまびこマシーン

おわりに

無駄なことをし続けるのは、終電を逃して家まで歩く時に似ている。暗い道をただ何も考えずに歩いていく。もう疲れてタクシーに乗っちゃおうかな、と思うけれど、なんだか負けた気がして乗らない。誰のためでもなく、自分のためにやる行動。足もくたくたで疲れている。

もし、これがテレビ中継されていたら、サライが流れて私の頑張る姿に心を打たれる人もいるだろう。でも、そんなことはなく、誰のためでもなく自分のために歩く。そうしたら、見たことのない建物などが見えて楽しい。必死に歩いているようで、少し余裕がある。精神との戦い。なんだか、そんな感じに思えてくる。自分でもよくわかっていないけれど。

続けないと見えない景色もある。それを見るために続けているわけでもないのだが。ただ、続けることで予想もしない場所に行けるし、思考が明瞭になってくる。

「無駄づくり」を始めた20歳の時、25歳になったら辞めようって思っていた。今年、無事に25歳になったけれども、なかなか辞める気が起きない。もう少し歩くと、もっと面白い景色が見えるんじゃないかな、と期待しているのだ。そうやって続けてきたし、これからも続けていくのだろう。

日々、忙しい生活を送っていると、どうしても効率化してしまって、本当に大切な無駄なものを見失ってしまうような気がする。それは、昔の夢かもしれないし、ぼんやり気になっていることかもしれないし、心から好きなことかもしれない。

挫折や諦めでできた、まだ世の中に出ていない新しい〝無駄〟。それを形にすることで、きっと、ぎゅうぎゅうになっていた心に余白ができて、暮らしが豊かになるのではないだろうか。

人から無駄だと言われるようなことでも、誰の役にも立たないようなことでも、形にすることで、それは、あなたにとっては意味のあるものになる。

やめていく人たちをたくさん見てきた。芸人やミュージシャン、アーティスト、作家。面白い人もカッコいいものを作る人も、〝食えないから〟とやめてしまった。心の中に浮かんだ〝無駄〟を形にすることは、なかなかお金にできない。食えていけないと続けられない。それがずっと悔しかった。彼らがやめてしまったことで、私が見たかった〝無駄なもの〟が世の中に生まれなくなってしまったのだ。

表現の世界において、決して〝食えている〟ということが正解とは限らない。しかし、続けるためには自分が幸せに暮らせる分のお金をどう調達するか、そこと向き合わなくてはならない。

自己表現をする人それぞれが、それぞれの目標を持って、それぞれの価値観で、生活費を稼ぎながら、自分の好きなことができるようになってほしい。ウェブ上でマネタイズできるツールが日々増えていく中で、その多様性が生まれていくと思う。

これを読んでいるあなたは、自己表現をしているだろうか。自分で考えたオリジナルダンスを踊ったり絵の具でかっこいい絵を描いたりするだけじゃなくて、面白いと思う文章を書いてツイートしてみたり、自分がグッとくる構図の写真を撮ってインスタに投稿してみたり。そういうことも、自己表現の一つだと思う。きっとみんなやっているはず。

社会的な意義はないけれど、やりたいことはあるだろうか。頭にずっと浮かんでいて、シャワーの時に思い出すアイディアはあるだろうか。毎日のルーチンワークとか、友達に言えない趣味とか、行きたい場所とか、人より好きなものとか。誰の役にも立たないかもしれないけれど、そのとても個人的な「無駄」を形にして理解して人に見せることで、世界が今よりずっと面白くなるはずだし、あわよくばお金を稼ぐことができるかもしれない。

私のような、この社会で生きづらい人たちが、少しでも自分らしく生きられるように、表現や「無駄づくり」をし続けてほしい。「無駄づくり」で世界を溢れさせてほしい。そして、それを許容する社会でずっとあってほしい。

インターネット上でお金が巡る仕組みがたくさん出てきた。新しい働き方もどんどん作られてくる。きっとこれからは、たくさんの人たちが無駄なことをお金にできる世界になるのだろう。

誰かの役に立つとか立たないとか、そういうことはどうでもよくて、好きなことで生きていこう。わがままを貫きとおして人生を無駄に捧げよう。これからも、私は私のために無駄なことをし続けようと思う。あなたの「無駄づくり」をはやく見たい。

無駄なことを続けるために
ほどほどに暮らせる稼ぎ方

2018年12月7日　初版発行

著者　藤原麻里菜

発行人　藤原寛
編集人　松野浩之

カバーイラスト　我喜屋位瑳務
写真　佐藤麻優子（P.01-P.04,06-08）／鄭弘敬（P.05）
校正　石川美保

アートディレクション　大西隆介（direction Q）
デザイン　沼本明希子（direction Q）
DTP　椙元勇季（direction Q）

企画・編集　立原亜矢子　**編集協力**　石毛美佳／新井治／太田青里
営業　島津友彦（ワニブックス）

発行　ヨシモトブックス
〒160-0022　東京都新宿区新宿5-18-21
TEL　03-3209-8291

発売　株式会社ワニブックス
〒150-8482　東京都渋谷区恵比寿4-4-9　えびす大黒ビル
TEL　03-5449-2711（代表）

印刷・製本　株式会社光邦

　ISBN: 978-4-8470-9731-7 C0095